Learn Network Marketing From Xiaomi

向小米学网络营销

小米营销致胜6大绝招

田学超◎著

SPM
南方出版传媒
广东经济出版社
—广州—

图书在版编目（CIP）数据

向小米学网络营销 ：小米营销致胜 6 大绝招 / 田学超著 . —广州：广东经济出版社，2015. 7

ISBN 978 - 7 - 5454 - 4093 - 5

Ⅰ. ①向… Ⅱ. ①田… Ⅲ. ①网络营销 - 经验 - 中国 Ⅳ. ①F724. 6

中国版本图书馆 CIP 数据核字（2015）第 120023 号

出版发行	广东经济出版社（广州市环市东路水荫路 11 号 11 ~ 12 楼）
经销	全国新华书店
印刷	广东新华印刷有限公司 （广东省佛山市南海区盐步河东中心路 23 号）
开本	730 毫米 × 1020 毫米　1/16
印张	11
字数	169 000 字
版次	2015 年 7 月第 1 版
印次	2015 年 7 月第 1 次
印数	1 ~ 5 000
书号	ISBN 978 - 7 - 5454 - 4093 - 5
定价	32. 00 元

如发现印装质量问题，影响阅读，请与承印厂联系调换。

发行部地址：广州市环市东路水荫路 11 号 11 楼

电话：（020）38306055　37601950　邮政编码：510075

邮购地址：广州市环市东路水荫路 11 号 11 楼

电话：（020）37601980　营销网址：http://www. gebook. com

广东经济出版社新浪官方微博：http://e. weibo. com/gebook

广东经济出版社常年法律顾问：何剑桥律师

目　录

contents

前言　令人侧目的小米网络营销 / Ⅲ

小米第❶招　口碑营销——让用户自发为你宣传 / 1

向苹果致敬的真正目的 / 2
为小众设计——发烧友背后的口碑作用 / 6
对比，产生新口碑 / 15
制造话题，吸引主流媒体 / 24
网络数据，无声的口碑 / 37
利用现代网络工具树立口碑 / 42

小米第❷招　饥饿营销——越买不到，越想要 / 55

品牌定位促“饥饿” / 56
永远不让顾客满足的限量销售模式 / 62
借测试机做营销文章 / 68
隐秘式信息的作用 / 72
产量与营销 / 78
关于饥饿营销的秘密 / 83

小米第❸招　价格策略——准确定位，一击即中 / 93

价格定位促饥饿 / 94
有奖营销 / 105
秒杀，价格营销的一种手段 / 110

小米第❹招　网络直销策略——咫尺天涯一线牵 / 115

最廉价、最有效的销售策略——网络直销 / 116
订货系统的建设 / 123

小米第❺招　营销管理策略——快速反馈的扁平化内部管理 / 129

改变企业命运的扁平化管理 / 130
鲜为人知的秘密武器 / 139

小米第❻招　售后服务策略——坚守传统与出奇制胜 / 147

全国联保的售后服务 / 148
走向国际舞台的小米售后服务 / 154

展望　小米营销的下一站 / 159
附录一　小米大事记 / 163
附录二　雷军小传 / 166
附录三　雷军精彩语录 / 168
参考文献 / 170

前言

preface

令人侧目的小米网络营销

小米的创始人之一黎万强出版一本书叫《参与感》，提及小米内部如何实现参与感，让不少人认识了小米的网络营销，但奇怪的是，在这本书里，对于“饥饿营销”却只字不提。其实，创始人雷军对饥饿营销早已经否认，但还是抵挡不了众人对饥饿营销的讨论。

无可厚非，小米在市场上的反应都非常符合饥饿营销所表现出来的行为。当然了，不管这是小米有意为之，还是无心插柳，都有助于小米在市场上获得成功。如果说黎万强的《参与感》是小米内部的营销手册，那么本书则是第三者眼看小米营销。没错，本书就是以顾客的身份，观察、总结，客观地看待小米的成功。

在央视“2013年度经济人物”颁奖典礼上，雷军曾表示：如果小米5年内超过格力，董明珠输1元钱。董明珠豪气逼人，当场将赌注提高到了10亿元。

对于这场豪赌，小米内部态度乐观，认为雷军必赢。依据是小米的营利增速：小米2012年营收126亿元，2013年营收310亿元，2014年仍保持100%的速度，营收达700亿元，2015年有望突破1 500亿元，这样，小米三年内便可超过格力。

梦想如果成真，小米仅用5年时间便成为中国又一家世界

500强公司。这一切，都有赖于它成功的网络营销。那么，是参与感造就了小米还是饥饿营销成全了小米？或许两者兼有。

网络营销自从阿里巴巴开始，便开启疯狂的中国之旅。如今，中国的互联网营销已更新换代，更高明的网络营销正悄悄地改变我们的生活习惯，也悄悄地改变了互联网营销的格局。

从2011年7月份小米团队亮相，到9月份的手机正式发布，再到销量突破百万台，小米仅仅用了不到1年时间便实现了，这对大部分国内手机制造企业来讲简直就是天方夜谭。至2013年，小米全年共售出1 870万部手机，含税收入为316亿元。2014年上半年手机的平均售价为1 264元，而其目标是6 000万部手机。是什么让小米如此快速成长？作为互联网公司起家的小米科技，依靠米聊、基于Android的MIUI操作系统以及对供应链的高效整合，小米迅速完成了从互联网公司向手机硬件制造与销售商的蜕变，一跃成为业内能与苹果相抗衡的手机制造商。

事实上，小米手机的成功不是单纯的手机制造商的成功，在全球手机行业全速向智能时代跨越的过程中，小米手机正是依托互联网营销的独特性，赢得了广大的消费者。

伴随着小米的出现，互联网营销不再是简单的网上销售，而变成了网络销售引导，其中最著名的网络营销战术便是饥饿营销，一时成为人们竞相讨论的话题，也被人竞相模仿，但是却没人能像小米这样成功，这是为何？那么小米是如何制造了这场声势浩大的饥饿模式呢？

为了穷其究竟，我们研究小米互联网营销策略，分享给大家，而这一切都只有一个目的——用互联网把企业做大。本书将带着这个目的，走进小米的网络营销，与大家一层层揭开小米成功背后的饥饿营销的本质。

小米第1招

口碑营销——让用户自发为你宣传

每一种产品都有其独特的属性与品牌定位。产品的独特属性是品牌定位最原始的来源。在品牌与产品关系没有完全搞清楚之前，品牌与产品常被混淆，品牌定位与产品定位常被认为是一致的，这时品牌定位也往往只能从产品的属性中寻找定位点。

所以，不论什么产品，都要让客户知道你的产品是什么、有什么用，这点非常重要。而要让顾客对你的产品有个好的印象，就需要对产品进行宣传，制造一个“你想要的”大众口碑。所以，你要对你的产品进行定位，然后想办法去推广，这就是口碑营销的基本方式。而在网络上进行口碑营销，就需要更多的策略。本章将以小米的口碑营销为中心，揭示口碑营销的奥秘。

向苹果致敬的真正目的

小米从来没想过超越苹果，只是在向苹果致敬。苹果在极简方面已经做到极致了，我们要走的是另一条路——让手机体现每个人的性格。

——雷军

致敬，只是为了锁定顾客

小米品牌自面向全球那一天起，就明确表示："向苹果致敬"。人们都知道，小米和苹果没有直接联系，又不是在同一个国家，何来致敬？事实上，这是借苹果来说小米，因为这样一来，消费者自然联想到小米是一款高端电子产品，要不然不会无端地向苹果致敬。无疑，小米选择向苹果致敬，恰到好处地传递了小米品牌的定位。苹果是高端的品牌，小米向苹果致敬，给人这样一种暗示，小米也是高端的品牌，也许在一些消费者看来，小米不及苹果，但还是能划入到高端产品的范畴。

是的，这就叫作"心理暗示效应"。心理暗示效应是指在无对抗的条件下，用含蓄、抽象诱导的间接方法对消费者的心理和行为产生影响，从而诱导消费者按照一定的方式行动，使其思想、行为与暗示者期望的目标相符合。在商业营销上小米向苹果致敬了，人们也会联想到，小米也是高端品牌行列里的。所以消费者被强化接受小米为高端品牌的意识。

"向某某致敬"的商业营销策略充分运用了心理暗示效应。正是因为暗示效应左右着消费者对事物的判断，所以很多商家便抓住这个效应营销产品。商家通过某种暗示，让人心甘情愿地接受这个暗示，以期将品牌信息准确而清晰地传递到消费者的脑海中，经由加固印象，继而产生认同观点。

其实，在中国最大的“致敬式”营销当属李宁品牌产品。2012年，伦敦奥运会开幕，中国体育代表团意气风发地出场了，而作为李宁品牌运动鞋的创始人李宁也有所行动。因为这一年，正是李宁品牌急速下滑的一年，很多人渐渐开始疏远了这个品牌。而李宁借助奥运会这个契机，让李宁品牌产品又重新回到了消费者的视线。

自1992年巴塞罗那奥运会上首次赞助中国体育代表团开始，李宁品牌在20年间一直专注于中国体育事业的发展。2012年，包括李宁品牌签约的5支金牌梦之队在内的中国体育代表团再次踏上伦敦奥运会征途，在4年一次的奥运竞技场上再创佳绩、圆梦奥运。李宁的所有资源都运用在了推动他的品牌。于是，在这万众瞩目的奥运年，李宁推出了以奥运为主题的系列产品——向即将征战奥运和曾经创造辉煌的英雄们致敬。正是因为这一“致敬”，让很多人又重新认识了李宁品牌。

另外，有些企业家或企业因为一次致敬行为，让客户认识了他或他的企业的经营理念。比如国泰基金就做过这样的一个宣传：向18世纪商业精神致敬的价值投资。

很多需要融资的公司都知道18世纪这样一个商业精神：18世纪，英国人托马斯·霍洛威凭借5英镑，开启了他的医药帝国。为人们所津津乐道的是霍洛威从不拖欠员工工资，从不拖欠供应商和零售商的货款。他在积攒了百万财富后，为女生修建了大学，为中产阶级修建了医院。他通过努力地工作和其在公众中的知名度，建立起了全球性的生意，“他用了30余年的时间积攒了上百万的财富，又用了10年的时间通过这两项慈善事业来支持他所创造的财富”。

19世纪维多利亚资本主义的时代，是一个工商业的黄金时代，但同时也是信仰的时代，那个时代的企业家较之现在更加关注商业利益和公众利益的平衡，他们的信仰如此深远，甚至被巴菲特导师格雷厄姆认为是价值投资者信仰的源泉，使得大洋另一端的中国投资者今天也可以从他们的企业和开明思想中受益。

所以，国泰基金用“向18世纪商业精神致敬的价值投资”为标题来做宣传，无疑向千万基金股民们传递了一个投资理念，为此，股民才更有信心购买国泰基金。毫无疑问，这就是暗示效应的作用。但在暗示效应中，所选用的致敬对象必须讲究，否则将适得其反。

综上所述，“致敬”只是为了锁定顾客对品牌的印象而已。因为有针对性地向竞争对手进行致敬，意在潜移默化地把顾客对的认可转移到自己产品上，貌似友好的致敬，其实是在抢顾客。

致敬，可以减少一个强劲的竞争对手

在商业竞争中，对手越多，对自己的企业发展越不利，这是商家不想看到的一个结局。

手机行业中有很多企业因为众多竞争对手，消失在消费者面前，诺基亚便是一个例子。为了保持龙头地位，诺基亚把焦点放在如何拉开和第二名的距离上，生产一台手机就是一项复杂的大工程，诺基亚高峰时期同时有大量产品在市场上流通，用“机海战术”把对手逼得喘不过气来。诺基亚也参与手机各项标准制定，透过整合资源降低成本。

每个月的市占率变化，就是各个公司衡量成败最重要的成绩单，2006年时，诺基亚和第二名的市占率差距12个百分点以上。企业家温肇东分析道：“光看排名是只有在静态、变化没那么大的情况下才适用。如果碰到跨界对手，光看市占率，会变成竞争时的盲点。”

是的，这是竞争带给企业思考的问题，并非战胜了第二名就能抓住顾客的购买欲，以前只要赢得名次，就能把市场做得很好，但是作为企业而言，除了深化自身品质，拉大和竞争者的差距，还要想到未知的敌人，也就是未来强大竞争者的可能性。

诺基亚就是忽视了未知的、可能产生的竞争对手。2006年，诺基亚决定整顿公司时，任命的CEO是康培凯（Kallasvuo），就是诺基亚自己培养的精英。康培凯有法学硕士学位，在诺基亚服务30年，从法务人员一路历练，靠着战功，最终成为公司CEO。从这一点来看，可以看出诺基亚已经完全忽视了外界的因素，一味地只相信自己内部的判断，更认为自己是第一的，所以就应该从自己内部挑选人才。诺基亚这种严重忽略竞争对手的行为，最终导致品牌的丧失。这是商业大战的今天要吸取的教训。

小米也属于手机产业，但它没有走诺基亚的老路，因为深知每个行业都会潜在不同的竞争对手，包括预知的和未知的都有可能，所以减少一个竞争对手有利于自身的生存。在产品发布之时，小米就率先减少了一个竞争对手——苹果手机。

小米是通过这样的方式去避免与苹果竞争的：首先把苹果列为致敬对象，意味着小米跟苹果是站在同一道“战线”上的，那么顾客自然不会对“选择苹果还是选择小米”而揪心了，这无意中就减少了一个竞争对手。起码从消费心理上消除了敌意性的消费，做到了互不干涉。所以小米的出现，在市场上并没有出现顾客大肆拿它跟苹果作对比的现象。另外，小米把研发放在首位，并注重营销的策略，不断改变策略，为的就是减少未来强大竞争对手出现的可能性。

做企业最大的力量在于包容，并找到自己的角色，这样才能保持长久的发展。小米向苹果致敬，无疑就是一种包容。它们之间有着不一样的价值，顾客能依照这些不同找到自己的需求点，所以它选择了致敬，而不是扬言超越苹果，这是企业品牌竞争的大智慧。

为小众设计——发烧友背后的口碑作用

我们不追求市场占有，不追求全球排名，不追求卖出多少机器装了多少软件，只在乎小米用户的感受。对小米来说，我更追求的是它的美誉度。

——雷军

针对小众，提醒顾客这是高档货

在市场经济条件下，消费者的观念和方式逐渐发生变化，个性化的小众产品逐渐备受关注，并初具规模。在大众产品以快速消费为主导的市场下，小众产品的需求表现和信息相对分散，客户群体也比较分散。然而，随着人们对于产品的品质有了更高的追求，许多早就打入中国的国外品牌开始席卷市场，苹果、ZARA、星巴克的成功就是最好的例子。

据统计，一个消费水平相宽松的市场环境中，小众化产品的市场占有率在5%～10%，但是行业利润却超过30%。在小众产品并不追求规模的前提下，其投资收益率远远大于大众化企业，在只有规模化生产才能降低成本获取利润的行业规律下，这一结论着实让人意外。

但是盲目迎合小众也是不合理的。2014年出现了一种“小众农产品”的市场，比如山东泰州高港农场新鲜蔬菜零售单价一斤30元、一枚鸡蛋3元、一只鸡150元、一头泰州黑土猪标价6 800元……泰州市农委农产品质量安全监管处处长范正辉觉得，高端消费者肯定有，不过多数在经济发达的城市里，究竟有多少消费者愿意成为会员、锁定他们某种程度上绝对不是农业生产者所能做到的，需要一个专业营销团队。而高港农场没法在全国推广，而只锁定了菜市场所在的一定范围内，因此这样的小众营销注定没法长远下去。这类营销方式要求很多，生态环境好、适宜发展有机农业的，一般都是比较偏远、交通不便的，果蔬类产品的脆弱保鲜期太短，因此还必须考虑冷链物流。

小米一开始就宣称自己是“小众产品”，但是它的小众却有点反常规，因为一般小众产品价格都会高于其他同类产品，而小米却在小众的同时价格甚至还低于同类产品。这给营销专家们眼前一亮的感觉。

小米为了做到小众且价格低，使用了不少营销策略，让小众变得大众起来，但却带有小众气质。所谓“小众气质”是指产品拥有传统意义上的其他小众产品的品质。那么，小米为什么能做到小众的同时价格还这么低？难道不需要成本？

造成这种差别的原因是很多的。首先，我们先来认识一下，小众化产品有相对独特的创意设计。而顾客大多想要与众不同的产品，这样显得有身份，所以小众的、质量好的产品成了他们追求的目标，如果有一款性质属于小众的，他们也能消费得起的产品，那么这款产品就能吸引到他们。所以，小米起初以小众产品的形式出现，也是经过精心设计的，不仅外观经得起考验，内置功能也很强大（其中操作系统就是自身研发而来），这为它以小众产品亮相打下了坚实的基础，也为后来的饥饿营销做了十足的铺垫。这些都抓住了顾客的消费心理，是精心的准备。给顾客这么一个概念，小米属于高档货，但是价格不贵，这便是吸引消费者的兴趣所在。之所以价格很低，是因为小米没有跟其他传统产业那样的铺货流程（连锁店或者经销商代理），所有的小米都在网络上进行销售，于是这笔经费大大缩小了。这使得小米有着小众的气质也有更低的价格。

其次，市场对于小众化产品的品质要求与大众化产品有明显的差异。品质问题是顾客最为关注的问题，普通用户对大众化产品的品质要求已形成定势，要让他们接受自己并不了解且没有任何情感的品牌，除了品质，没有第二个理由。小米在线上的售后服务是下够功夫的，小米不断地跟顾客做互动，后来还被人称之为“参与感”，比如小米举办一些线上活动，征集顾客的照片，然后赢取奖品之类的，通过这样的活动，顾客了解了小米的企业文化，这给当初还以小众产品上市的小米奠定了顾客情感。

再次，市场对小众化产品有更加清晰的感官体验。小众化产品如果要抓住用户的心，让他们在第一印象上就产生好感，自然在外观上要有非常鲜明且明确的体现。如果设计上不能直接地深入人心，那么它就会很快被大众化淹没。小米对于这些都一一考虑了，所以它自然而然地顺应了市场的需求，从而抓住了顾客的购买心理。

雷军说："我们不追求市场占有，不追求今年全球排名，不追求卖出多少机器装了多少软件，只在乎小米用户的感受。"因此，小米从一开始就要做一种高性能的发烧级智能手机，这种定位注定小米作为高品质的小众产品必将吸引到一大批的粉丝。

小米为了营销成功，每个脚步都得走得很稳。在2011年的夏天，当雷军团队第一次发布小米手机的时候，所有人对于小米的形象和品质都没有概念，如何让毫不知情的用户理解小米的文化，充分信任小米的品质，这成为摆在小米团队面前的首要任务。对于这样一个无人知晓的品牌，想在各种国际大牌手机中脱颖而出，确实需要认真动一动脑子。他们突发奇想地想出了一个点子，那就是找来一个胖子站在小米手机的包装盒上，通过这种方式来传达小米产品的品质感受，小米在包装盒的制作包装上都特别用心，更不用说手机的品质了。

其实，在创立小米的初期，小米做了一个mi-one系统，是一个深度定制的安卓系统，但一般的手机用户并不了解这个系统。在小米手机发布之前，这个系统虽然已经有超过60万的用户在使用，但其中一半以上的用户都是来自国际市场，其中设置了23种语言，外国很多地方都有这个系统的粉丝站。在所有人都不了解小米手机的情况下，这一部分高端发烧友们对于mi-one系统已经有了很深厚的情感。当公众了解小米之后才开始意识到小米的诚意。

所以，小米一直坚信，只有把产品品质提上去了，用户才会喜欢，才会帮你宣传出去。

据统计，小米手机的核心用户主要以20~30岁的年轻人为主力。在这个群体中，相当大一部分人是大学生、各类软件爱好者、工程师、程序员等，他们有一个共同的爱好就是总是能够买到性价比高的产品。价格实惠，品质上又令人期待，他们就会保持持续的热情。限量预订和购买的方式更让他们觉得这样的高性能手机需要大费周折才能抢到，无形中让他们在心目中形成了“高大上”的虚荣心，这种感受绝不亚于使用iPhone的成就感。

所以从一开始，小米就为公众树立了这样一个品牌形象：用最低的价格，买到最高的配置，而且只有通过抢购的方式才能拥有它。一个性价比如此完美的产品，用户还有什么理由不爱它？

发烧友带动普通顾客的关注

在奢侈品销售过程中，有一条不成文的规则：如果客人购物过程很满意，那么他会告诉朋友圈子里的另外5个人，但是如果有稍微的不满意，他则会告诉20个以上的朋友。销售经理们都深谙此道，他们非常清楚热衷于奢侈品消费，且具有消费能力的人群只有非常小的一部分，如此小众的产品，如果口碑一旦被影响，便将无法生存。

所以，那些久负盛名的奢侈品牌莫不如此。从某种程度上来讲，让它们声名在外的不是其产品本身，而是买它们回家的那一小部分人。因此，通过让忠实于小众产品的超级爱好者来传播信息，带动普通客户对于产品的关注是一种非常有效的营销手段。当然，需要产品经理真正要考虑的是，如何让自己的产品打动关键性的一小部分人，促使他们下定决心买自己的产品。

江中药业就是一个典型的例子。它们的液体制剂参灵草生产线于2011年3月3日开工，项目计划投资3.1亿元，设计产能年2 100万瓶，100%达产后可实现销售收入171亿元，实现产值近100亿元。定位的目标客户群为“为富人、贵人和明星打造的高端滋补品”。很明显，它走的是奢侈品牌路线，但是参灵草失败了。因为，参灵草走保健品开发高端路线，失败是必然的。

分析其原因，不难看出江中药业发展策略的错误：其一，细分市场有效需求严重不足。其二，高价策略阻断了中产阶级消费群体。其三，产品缺乏品牌效应。其四，广告策略失误。

从参灵草的案例可以看出，伴随着体验经济时代的到来，消费者不再仅仅只是局限于对产品本身的诉求，而更关注于情感上的体验，他们以此为依据选择自己喜爱的产品，并成为始终的追随者。这部分消费者是企业必须努力争取的用户，如何在现有条件下与消费者发生深度的情感和心理上的互动与交流，让他们在意识和使用中都对产品和品牌产生信赖，并让这部分人来带动普通消费者对产品的关注，是每个现代企业都要面临的考验。

小米公司在这一方面做足了功课。在小米官网的论坛中，有一个非常神秘的组织，叫荣誉开发组，江湖人称“荣组儿”，是小米最高级别的粉丝群。小米公司让这一部分人参与到决策权中来，让他们来左右小米的发展。

“荣组儿”的特权有很多，可以提前使用还没对公众开放的新系统，并在使用后对新系统进行全方位的评价，由此便可以通过他们来鉴别新版本的优劣。在这里，“荣组儿”一切言论自由，可以对小米进行任何主观上的评价，他们甚至可以直接在整个社区发表评论：“新系统非常糟糕，建议大家不要升级。”而开发系统的工程师看到诸如此类的评价时，不但不生气，反而会很紧张，被粉丝们看到弱点，给出差评是一件很没面子的事情，然后小米团队就会针对问题尽快解决。看吧，“荣组儿”们几乎对小米手机拥有一票否决权。

除此之外，“荣组儿”甚至可以直接参与到绝密型产品的开发中来，比如MIUI V5。据相关负责人介绍，产品的沟通是双面的，想了解用户，就需要放权给他们。将心比心，如果用户们提出的意见没有什么回应，时间久了，就没有积极性，你也休想再从他们嘴里听到什么好的意见。即便有了这样的观念，但是操作上仍然有很多风险，如果新系统技术层面稍有泄密，那么所有工程师的努力都将白费。他们筛选了近10位值得信任的“荣组儿”成员来完成这次测试，无非是赌了一把。“当你真正地信任用户，他们也会信任你，说到底这是一个社区培育问题”，所以，从2011年成立以来，这样一个网络社区组织，从来没有出现任何的信任危机和泄密事件。

除了值得信赖的“荣组儿”保驾护航，小米还引入了一个理念值得让人借鉴，那就是“和用户做朋友”。以前，我们在谈到企业和用户关系的时候，不是企业向用户“点头哈腰”，就是用户向企业“跪地求饶”，而小米的理念是，用户和企业要“成为朋友”，一起参与产品开发的整个过程。

举个例子，雷军曾在微博上发消息声称小米公司即将发布新路由，引发众多追随者们来想象是什么样的，有人把它想象成水壶，有人想象成手电筒，更有人将其PS成豆浆机的模样。天马行空的想法让这个产品越加神秘，大家纷纷在论坛、微博上传递关于新产品的想法和创意，粉丝们也积极地想办法、出主意，从而碰撞出了很多有意思的点子。产品还没有正式出来，小米的忠实用户已经将它传播给很多普通用户，这款路由器的口碑已经被大家接受。

在新的路由器生产过程中，雷军大胆地让小米的用户来组装工程机。因为很多人在玩手机的时候，都喜欢自己拆卸手机，看看里面的构造，自己来找出手机的问题并解决。所以，针对他们这一部分人的喜好，雷军决定干脆把路由器拆开，让用户参与进来，感受一下自己组装产品的乐趣。所以，当这些发烧级用户生平第一次亲自完成路由器的组装过程的时候，这种感受是相当美妙的，就像是在自己的家里组装宜家的家居一样简单，切身的参与体验让这些用户们真正感受到产品的好处。参与其中的用户们也乐于分享这个过程，他们几乎都会录下他们组装产品的全过程，并通过互联网分享到朋友圈。

所以，常常有人说："别人的手机用户都是在使用手机，而小米的用户是在玩手机。"玩才有意思，才能碰撞出新的想法，才能创造出新价值。对于现在的年轻人来说，他们已经从盲目崇拜一个品牌，上升到了具有足够的能力去创造一个品牌，年轻人是这个世界的主人，小米非常清楚地认识到这一点，这也是它和其他企业的最大区别。

和用户做朋友，一起玩，是小米发展企业与用户关系的核心所在。通过这部分发烧友的关系，带动其他普通用户对于小米的关注和喜爱，让小众产品从小众范围内走向普通大众，小米绝对不仅仅只是做产品那么简单。它用发烧友对小米的"玩"潮流，带动了广大小米的消费者，这也是小米网络营销中的一大利器。

铁杆粉丝捧出品质好口碑

从传播学的角度来讲，"粉丝"是早期流行文化的最初传播者，作为作品和艺人的直接受众，他们一旦被艺人征服，就会变成自发的传播者，来传播扩散他们的知名度，带动更多人的关注。他们引领了追星的热潮，是决定艺人成名的关键因素。

著名的互联网专家，美国《连线》杂志主编凯文·凯利曾在《1000铁杆粉丝》中提出了关于铁杆粉丝的重要观点。他认为，对于创作者来说，如果希望摆脱长尾效应，除了通过创作震惊世人的艺术作品，还可以通过1000名铁杆粉丝来扩大宣传力，忠实于他们作品的1000名粉丝便足以糊口。

在这里有必要对铁杆粉丝进行一些阐释，作为艺术家，无论创造出何种作品，他们都愿意付费购买你的作品。他们愿意不顾一切前来聆听你的现场演出，即便手里已经收藏了同一部作品的好几个版本，他们仍然愿意重新购买新出的再版作品，甚至价格不菲的豪华套装。他们时刻关注着你的消息，收藏你在任何网络交易平台的作品页面，他们还会购买与你相关的纪念T恤、配饰、水杯，并满心期待你的下一部作品问世，这样的粉丝绝对称得上是铁杆粉丝。对于企业也是如此，如果你的产品拥有了这样的粉丝，你的产品就会被粉丝疯狂地购买或者收藏，同时他们还会在第一时间传播产品的信息，这其中粉丝带来的经济效应是不可估量的。

20世纪80年代初，燕舞牌收音机是中国内地最早电视广告的企业，广告一出，燕舞牌收音机立刻拉拢了大批粉丝，涌现大批年轻人购买燕舞牌收音机的热潮，它的粉丝遍布大江南北。在这粉丝群当中不乏一批燕舞牌收音机的铁杆粉丝，他们天天扛着收音机在广场上听音乐、跳舞，这波人无形中成了维持和扩大燕舞牌收音机的领导者。但是，由于燕舞牌收音机被市场的快速发展冲昏了头脑，没有注意技术上的创新，于是市场出现了其他新型技术性收音机，燕舞的粉丝数量急速下降。这是一个失败的案例，它告诉我们这么一个道理，粉丝需要维护，当然也要做好自身的品牌、品质的提升，这样才能保证粉丝数量的增长性。

在前面我们说过，小米有一个粉丝群，叫“荣组儿”。“荣组儿”里的高级发烧友奠定了小米的口碑，在这个完全由用户构建的小米金字塔中，超级发烧友们占据了金字塔顶端，引领其他的普通用户，从而形成了一批小米的粉丝。而作为单纯迷恋小米手机的大多数用户，则占据了这个金字塔的核心层，他们也有自己的称号——“米粉”，“米粉”对小米手机的热情不亚于发烧友们，他们忠诚且执着地守护着这个团队，这一切都得益于雷军在小米创立之初所创立的三大规定之一——“与‘米粉’交朋友”。

小米公司副总裁黎万强曾对这一理念做过解释：“做朋友的心理就是，如果把这个问题看成是你的朋友来找你帮忙，你会有什么反应？小米能够一路好好走下去，踏踏实实地维护好一两百万用户，那么这些用户真的认同我们，对小米品牌忠诚度高，这就够了，有时候真的不需要想太多。”

在维护与粉丝关系之前，涨粉丝是他们首先要做的事，在这一点上，小米团队做足了功课。他们参考了各类产品的微博营销手段，最终选择了自己的秘密武器——事件营销。他们做的第一件事件营销案例是“我是手机控”。以雷军为首，小米合伙人纷纷发动手机控们在微博上晒出自己曾经使用过的各种手机，有80多万人参与了这一活动，在这个过程中，小米团队将小米手机2推广了出去，“新浪微博开卖小米手机2”也成了这段时间最热门的话题，造就了2012年的最高转发纪录，转发量为265万次，增加粉丝37万。到了2014年8月份，粉丝量达到了400多万。

为了维护好这部分铁杆粉丝，小米首先学习了海底捞的做法，那就是将坚定的理念变为一种企业的信念和文化，甚至变成公司全体严格遵守的规则。在这样的原则坚持下，小米客服作为小米公司与粉丝们的直接联络者，拥有了相当大的权利，当购买手机后的用户们因为质量问题投诉小米手机的时候，小米客服们会根据自己的判断，酌情自行为这些有情绪的用户赠送小礼物，甚至会在用户再次拿到手机之前为他们贴上手机膜，初次使用小米手机的用户们很快就能感受到小米贴心的服务。所以你很难想象，在小米几百万台手机销售量里，几乎有一半的用户有两台甚至四台的重复购买量。

小米将客服做成营销，而且丝毫不露痕迹，将全民客户的理念做到了极致。在小米论坛、微博、微信等新媒体平台上，有一条15分钟快速回复的规定，你的所有问题、需求、意见甚至吐槽在这里都能得到回应。可想而知，小米背后的客服团队是有多强大而神速。作为技术研发的工程师，他们对论坛上的回帖将成为其工作考核的重要指标，即便是雷军本人，也会每天在微博上花上1个小时来回答微博粉丝提出的问题，处理他们的各种诉求。

据统计，光是在小米论坛上，每天都会增加12万左右的新帖，通过层层筛选，将有8 000左右的帖子被处理，这些都平均分摊到每个工程师手中。他们除了自己的本职工作，每天基本上要回复150个左右的新帖，不光如此，每一个帖子后面还要注明回复的状态，比如：已经收到消息、正在解决、已经解决、已验证，等等，这对于帮助用户查看解决问题的进度、联系相关负责人提供了方便，一发现问题，就可以直接联系工程师。

如此贴心周到的服务，令小米的粉丝感受到了前所未有的重视，于是像滚雪球一样，粉丝团队越来越强大，基于此，小米逐渐在社交网络中建立了一个属于自己的粉丝阵地。小米论坛中，大概有700万活跃用户，微博上所有小米成员加产品的粉丝有1 320万左右，微信追随者有近100万左右。这几千万的粉丝，对于一家公司来说不算奇迹，但正是他们创造了小米的营销神话。

2011年8月中旬，小米发布第一款手机，百度指数当日飙升至28万；9月，小米手机首轮预订在不到2天的时间里超过了30万部；12月，第一轮开放购买之后，短短3小时，小米手机已经售出了超过10万部；2012年2月，小米手机电信版发布，2天之内，近百万人参与抢购；4月6日“米粉”节，在7分钟内，10万部手机被粉丝们一抢而空。到了2014年，小米1系列销售为790万部，小米2系列销售量为1 740万部，小米3销售量为1 050万部，红米销售量为1 800万部，红米Note销售量为356万部，总销售量达到了5 736万部。2014上半年小米共售出手机2 611万部，同比增长271%，含税销售额330亿元，同比增长149%，小米手机销售量和收入逐年一路攀升。这是一个惊人的销售成绩，其背后就是由无数小米粉丝捧出来的口碑效应。

强大的数据表明了小米背后的口碑，小米营销操盘人黎万强用了电影《星际迷航》里的一个术语来形容这种疯狂的局面——“用户扭曲力场”。外星人用极致的精神世界——扭曲力场创造了一个崭新的世界，苹果员工曾用“现实扭曲力场”来形容苹果公司，而小米粉丝则通过“用户扭曲力场”创造了一个小米的世界。因此，小米公司的一切行动，都将“米粉”们的反应当作最大的动力。

对比，产生新口碑

很敬仰华为、中兴、联想等竞争对手，很肯定他们向中高端产品和品牌努力。但是小米跟他们最大的区别是对手机的功能，更在乎“发烧”功能，跟他们并不是一个“流派”。

——雷军

对比产生新话题

中国有句俗话：“不怕不识货，就怕货比货。”在消费能力和水平日益提升的现代社会，货比三家的心理仍然广泛存在于消费者的心中，换句话说，消费者越来越追求产品的性价比，越来越注重产品的综合性能。因此，对比营销不失为一种有效的营销方式。商家要主动提供对比，比如，商家可以通过对比方式体现品牌的优势，这跟菜市场里卖菜是一个道理的。

举个简单的例子，在太平洋网上，任意搜索一款手机产品，在该产品的图片下面会有一项“加入对比”的选项，利用这种方式，消费者可以将任意几款相关产品放在一起对照。对比信息包括型号、价格、颜色、尺寸、重量、综合评价、标准配置、机身特点、屏幕和硬件参数、基本功能和多媒体功能等全方位的详细信息，通过对比，消费者能够完全能够清楚每一款产品的基本特点，从而选出适合自己的产品。企业通过这种直观的方式将本企业的产品和服务与竞争对手进行对比，将不同之处清晰地展现在消费者面前，方便消费者清楚产品信息，为他们选购产品提供方便。

因此，一款新型的产品如果通过跟著名品牌进行对比是让消费者了解其各方面信息是最直接的方式，更是这些小产品挑战知名品牌的制胜之道。

通过对比，能产生话题，让消费者更直观地了解你的产品和服务，从而获得口碑。

小米手机通过对比营销获得了消费者的极大关注，自从它诞生的那一刻起，消费者就不自觉地将它和各种品牌的智能手机尤其是苹果手机进行对比。伴随着毁誉参半的评论，小米始终试图通过各种方式让大家了解自己，大家都在议论：小米到底是一款创新型的产品，还是一款国产山寨机？

但是仅仅通过对比还是不够高明的。小米在营销过程中，还会积极寻找在对比的过程中产生的话题，利用这些话题扩大产品的新口碑。

我们知道，小米的网络营销一直备受人怀疑，特别是饥饿营销，顾客一直在质疑：真的被顾客抢到没货卖了吗？

这就产生一个新的话题了，于是小米在销售业绩上经常会拿其他品牌进行比较，比如拿三星的销售份额比较，有时候还会拿苹果的销售业绩来比较，这样的用途在于在比较当中解答顾客的疑问。

2013年，有一篇标题为“小米手机12月中国销量击败三星苹果”的报道，引起了不少顾客的关注。对刚满三岁的小米来说，销量能超过三星当然是个值得庆贺且难以置信的巨大胜利。随后，小米公司官方微博在2014年2月8日转发了这份报告的相关微博，博客“小米后院”也全文转载了这篇报道。这个报道给小米手机极高的评价：“小米手机配置高、价格亲民，并且通过网络和社交平台创造出前所未有的热潮。这些因素给小米在中国带来了势不可挡的势头。”

小米公司CEO雷军曾公布过，2013年小米手机总销量1 870万部，12月单月销量为322.5万部。按照这个销量推算，小米在2013年12月份的销量只占据10%的份额，是绝对不可能在中国智能手机市场排名第一的。那么，为何还会有小米击败三星、苹果的相关新闻呢？其实，这是产品宣传的一个手段，企业往往会通过销售量来进行对比，用以说明产品是受顾客欢迎的。

其实，根据老牌调研公司IDC的数据显示，中国智能手机市场2013年第四季度总出货量9 040万部，三星以19%的份额排名第一，随后是联想(13%)、酷派(11%)、华为(10%)和苹果(7%)，小米并没有进入前五位。台湾《电子时报》关于中国智能手机市场第四季度的数据同样也有类似的排名，三星、联想、华为、酷派、苹果分别位列前五位。

Strategy Analytics的统计显示，华为与联想智能手机的第四季度销量急剧增长，分别达到1 660万和1 360万部，即便是取1/3的平均数也高达500万和400万部(12月份销量应当高于平均数)，即便考虑到两家公司的海外市场因素，小米12月的销量也没有理由超过这两强。

每年12月是传统的手机销售旺季，通常也是一年销量最高的月份；几乎每家智能手机公司都会实现销量大幅增长。即便小米12月份销量突飞猛进，以322万部的销量也不可能超过三星成为销量冠军；或许比较实际的战绩是进入了前四位。

那么消费品市场研究机构凯度的数据为什么明显倾向小米和苹果？因为凯度统计的根本就不是实际销量，但报告却用了“小米销量超过三星”这一表述。

是的，小米还是会不遗余力的宣传其“排队”购买的态势，其实真的没有那么好卖，小米这么对比，只是让顾客重新选择排队购买的势头而已。这样的营销手段是起到一定作用，每次小米宣布了一次销售业绩的时候，紧接着就会有很好的销售业绩，也是顾客跟风的表现。

虽然小米手机2013年销量实现了急剧增长，但《小米手机12月中国销量超过三星苹果》显然是不符合事实的，因为这是凯度针对固定样板用户的每月调查统计，而不是市场上的实际销量。

按照小米公司的此前规划，2014年要实现小米手机出货4 000万部。如果实现这个销量目标，那么小米手机在销量榜上还是要仰望三星、联想和华为这三大竞争对手，因为它们的手机都没有限购，想买就能入手。如果不行，一切都只是宣传手段，而且也的确在用这种销售量的对比进行宣传。

是的，小米虽然取得了令人瞩目的成绩，但并非完美无瑕，但是作为一款能在短短三年内就取得成功的智能手机，小米也有自己的独家秘籍。只有将小米自身的不同于其他产品的特点突出来，有针对性地跟同类产品进行对比，在此基础上才能产生属于小米的真正口碑。

“打压”竞争对手，提高自身品牌

“打压”竞争对手，是企业之间常用的手段，目的不是打垮别人，而是提高自身，这就是别人常说的商场如战场的意思。但是，你可不要想着跟黑社会一样，商业有商业的规则，相互“打压”不是相互破坏，而是不断地提高自身，用优势压倒对方的缺点。但是要做到这点，还是需要很大的实力才能“打压”其他企业的。

还记得华为是如何在中国内地一步步站稳脚跟的吗？当年的华为，还处于弱势企业，被很多外来企业挤压，从技术到销售都很不成熟，但是华为自力更生一步步提高自身的品牌，成功地把一大批外来电脑品牌“打压”下去，争取到了属于自己的市场。

其实，华为知道，只有在竞争激烈的环境中，产品质量才能得到提升。2012年2月，华为成为中国国产手机市场品牌关注榜的第一名，仅超联想1.6%，足以见品牌榜的竞争较为激烈。排名相对靠后的品牌实力也较为强劲，未来榜单继续变动的可能性较大。由此可见，未来国产手机之间竞争也将会进一步加剧。而在2014年，报告显示，基于出货量，第二季度小米手机在中国智能手机市场的份额为14%，排名首位。紧随其后的是三星、联想和宇龙，市场份额均为12%。小米手机市场份额增长迅速，2014年第一季度为10.7%，而2013年第二季度仅为5%。相比之下，三星手机第一季度中国市场份额为18.3%，而联想为11%。据2012年2月的数据，国产手机之间竞争日益激烈，自小米手机推出后，在每次的销售中都创造了市场奇迹，更是加剧了手机行业的争夺。但是，显而易见的是，国产手机在竞争激烈的情况下，中国的手机品牌越来越有实力。这一切不得不说是竞争带来的效果。从这些情况也可以看出，“打压”竞争对手将成为保住自身品牌地位的最有效手段。

销售环节是“打压”其他产品的最有力环节，比如小米的低成本、低价格，正是小米“打压”其他品牌手机的有力武器，也给小米提供了营销中的最大化优势。

小米手机最开始没有分销商可以向零售和客户提供小米产品，仅仅是通过网络订购。小米公司所在的手机市场，替代品较多，客户的选择余地较大，尤其是对价格与售后敏感的客户，如果没有竞争对手实行优惠策略，那么顾客极有可能选择小米的产品。这就无形中给其他手机品牌造成一定的影响。

除了营销上的影响，小米还在产品质量上做到完美。小米不断挑战新的技术极限。凭借对新鲜事物和数码产品的强烈兴趣，雷军对手机操作系统和硬件开发有着执着的追求。他喜欢把小米科技称为一家“铁人三项”公司，即硬件、软件、互联网均提供服务。技术创新和商业模式创新则是两把利剑。

让雷军最津津乐道的当属自主开发的MIUI操作系统。小米最早使用互联网研发模式，每周在线更新系统程序。虽然每周要花费2天规划、2天写代码、2天做测试，难度系数很高，但他坚信这是一场“软件工程的革命”，为的就是提供更独特、更便捷的应用体验。“手机市场这么大，每个人都用手机，1%的需求量都是大需求。”个性主题、百变锁屏、自由桌面，让每位用户可以随心所欲地更改自己喜欢的系统样式，让结构更加简洁明了；字号更改、群发短信自动添加称呼、重新设计信息和电话的布局，大大方便了不同用户的日常使用。

“我们愿意广泛听取大家的建议，有问题就改。”雷军如此解释。态度好是他认为互联网式服务的一大特点。通过在社区、微博、米聊等平台上与用户直接交流，把了解自己需求的用户吸纳过来一起做手机，关注细节，集思广益，这样才能获得良好的口碑。“米粉”渴望参与其中，每当看到系统版本更新采纳了自己的建议，就会心生成就感和认同感。这是小米在技术上“打压”其他品牌手机的法宝，用小米内部手册的话说，这叫“参与感”。让顾客提出意见，自己再根据顾客的意见进行改正。

在雷军看来，小米科技其核心竞争力还在于吸纳人才的能力。小米科技聚集了大规模的海归人员，还有100余名工程师来自知名跨国企业。“创新是系统工程，在产品设计上下功夫才能持续前进。”他介绍，企业1/3的员工是设计师，从图标、界面等屏幕的每个细节，到外放音响、内置天线面积，都需要设计师用心思考，精益求精。令他倍感自豪的是，小米科技无论是软件还是硬件部门，都拥有一支经验丰富、思想活跃的设计团队。小米的新操作系统邀请了一批国内优秀的设计师共同操刀。

小米科技的“异军突起”，离不开良好的创业环境。雷军说，跨国公司和研发机构在中关村云集，为小米科技提供了大批懂技术、敢创新的人才。优良融资环境和信贷环境帮助企业在两年内融资3.47亿美元、获得信贷额度达20亿元。

以上分析不但强调了竞争性，而且显示出小米手机在竞争中如何去排挤对手企业的。是的，从价格到质量再到技术上的创新以及人才上的争取，都在一定程度上排挤其他产品，努力使自己的产品占更多市场份额。在这一系列的竞争和排挤其他产品的过程中，小米不断地突出自身优势，形成了自主品牌，于是小米逐渐为顾客所接受。

有针对性的对比才能收到好口碑

货比三家，这是消费者最基本想法。在购买产品的时候，人们潜意识地要对产品进行对比，从质量、价格以及自身的需求进行全方位的衡量、对比。这就是顾客的购买行为，对比也可以让好产品获得好的口碑。

小米网络营销的一个利器，就是对比。小米很乐意跟其他品牌的对比，因为通过对比才能制造出更多的话题，让小米脱颖而出。大家都还记得，2013年9月，刚推出小米3手机的时候，小米就这样对比：“一山岂能容二虎，小米3对比魅族MX3”，这一对比，让小米3迅速抢占了营销的先机。

小米3与魅族MX3的对比，其实是为了突出自身优势，所以，在新闻上出现的时候，小米会很直观地提供所对比参数。在众多国产手机阵营中，小米与魅族可谓是最受大家关注和喜爱的。那么既然都很受关注，对比自然不可避免。小米一贯的宗旨就是“为发烧而生”，在硬件配置上的确很吸引人，不足2 000元的售价也足够亲民。魅族在配置上是国产手机里做的硬件配置呈上游水平，而且外形简约时尚。这两家在2013年9月分别推出自己的新品——小米3和魅族MX3，两款机型究竟谁更胜一筹呢？不妨先从硬件配置信息上对比下。以下是小米3与魅族MX3硬件配置参数对比表：

小米3与魅族MX3硬件配置对比表

参数 \ 品牌	小米3	魅族MX3
屏幕尺寸	5.0英寸，1080P	5.1英寸，1080P
屏幕分辨率	1920×1080像素	1800×1080像素
像素密集度	441ppi	415ppi
手机尺寸	144mm×73.6mm×8.1mm	139mm×71.9mm×9.1mm
手机重量	145g	143g
CPU及核心数	Nvidia Tegra4四核	三星Exynos 5410双四核
CPU频率	1843MHz	1741MHz
电池容量	3050mAh	2400mAh
操作系统	MIUI V5	Fiyme OS3.0
RAM容量	2GB	2GB
前/后置镜头	200/1300万像素	200/800万像素

通过以上对比，我们看到几乎所有参数都是在变相夸赞小米的优点，表面上没有半点贬低对方，但却能让消费者第一时间感受到小米3比魅族MX3更优秀。当然了，通过对比还不足以让消费者放弃竞争对手，还要通过对比来制造话题——在对比中，找到自己的优势。比如有句宣传语是这样的："两款国产旗舰级新机各有千秋，如果非要让小编分出高低，着实是为难。因为两款手机各有特点和优势可以说服、打动消费者。您是选择外观时尚、握感舒适、能力上乘的魅族MX3，还是性能、价格更具诱惑力的小米3，就要看您属于哪类消费人群。"

在小米3与魅族MX3的对比中，小米找到了自身的优势，性能强、价格更具诱惑力，这便是小米3在对比中找到的自身优势，而这个优势正是小米3要极力宣传的主题。但是小米公司通过简单的对比，便把优势说得一清二楚，而且还能击败一个竞争对手，可谓一举两得。

小米往往不表现出强硬的态度，而是很理性地给出对比，给出顾客需要了解的阐述，让顾客自己决定，这也是小米做口碑营销的好方式，因为强硬说你的好，而不是顾客自己的判断做出的选择毕竟不是真正的成功，这是小米的一贯作风，也是在口碑营销上一大法宝。

另外，小米也会跟自身的产品做对比，起到突出后者优势的作用。比如，有一则新闻如此宣传小米：

小米手机的发布会给了我们不少的惊喜，有小米电视，还有期待已久的小米3。令人惊喜的是小米2S降价了，但是小米3的价格依然有其威力。以下我们来对比一下两者的区别。

小米2S与小米3的速度比较，这里我们不看硬件了，毕竟硬件对整体配置上来说并不是占支配作用，看小米3的广告就知道了："这是迄今最快的小米手机"。所以两者对比绝对是小米3优秀。

不光看硬件，再看外观，有没有NOKIA手机一体成型的感觉？对比小米2S可以用"完美"这个词来说明，所以第二回合小米3还是赢了。

拍照硬件对比像素都是1300ppi，两者使用的广角镜不一样，而且小米3特有双闪光灯功能，因此，结论还是一样：小米3的效果会比小米2S优秀得多。

在持屏幕，小米2S和小米3相比之下，小米3具有"超灵敏触控视网膜屏"这代表在冬天你可以穿手套使用手机。这一功能对于怕冷的我们来说是相当有用。

最后看价格。笔者一开始就说了"惊的是小米2S降价"，足足降了500元，这便是其所具吸引的地方，但是对比一下1799元比1999元，200元的差价，你会怎么选？如果是不限量，笔者一定会选购小米3，但是问题就是在限量。

第一轮的小米3将会发售多少台，10万？30万？笔者估计不会很多，而下一轮的红米、小米2S共有10万台，在小米3发布后，红米与小米2S抢购的人比之前少了，这样意味着你抢到这两款机的机会大了，另一方面就代表抢小米3的人多了，所以你是等待将要发售的小米3还是9月10号的小米2S呢。两者区别很多，唯一相同之处是一样使用了V5系统。

无一例外，2014年7月22日，小米在北京发布年度旗舰产品小米4，小米宣传依然延续了对比的风格。我们来看看其宣传语："作为新一代的小米代表，无论是在工艺上还是配置上，都达到一个新的高度。在外形，小米4采用了不锈钢金属的边框，这和发布会之前的一块钢板邀请函上一致，不过该机的背部并没有采用全金属设计，而是采用了光栅纹模内转移技术的塑料后盖，因此，其重量仅为149克。而机身的边缘采用的类似iPhone 5s的边角处理，SIM卡槽采用的也是iPhone的设计，再加上矩形圆角边的正面设计，总体上看，学习了苹果的外观设计。"

从小米价格对比的营销看，我们不难发现：小米不断地在通过对比，把自身优势的东西展现出来。这就是小米通过对比得出的效果宣传手段。

其实，很多企业也喜欢通过对比来突出自身的优势。比如苹果，在产品发布之后也做过类似的对比，通过对比安卓系统，以此得出苹果系统的独特性，这是提醒顾客注意的一种方式。通过对比提醒顾客，促进了顾客对产品认识，从而达到激发顾客购买的目的。

制造话题，吸引主流媒体

小米是颠覆性创新的东西，颠覆肯定颠覆了别人的想法、看法，影响了别人的利益，一个新的东西产生以后，随之而来的，就是诋毁、抹黑、羡慕嫉妒恨。我自己的想法是，不管别人怎么想，反正我把自己的事情做好就够了。

——雷军

用获奖感言营造产品口碑

在影视行业中，明星拿奖次数越多，他被观众认可的程度也就越深，因为在获奖感言环节中，明星可以通过获奖感言去对自己进行包装，这个包装最具说服力，因为奖杯说明了一切，再加上自身的语言，能让观众更加认可获奖明星，而一段好的获奖感言更显重要。在企业里，企业领导人获奖也有着跟明星获奖有着异曲同工之处。

领导人的魅力是企业的一个文化，领导人所具备的气质影响企业的发展，也影响顾客对企业的认知。所以，领导人的形象打造是有必要的。而领导人获奖感言，更是打造自己良好形象的最好平台。

李宁品牌的创始人李宁，就是一个凭借获奖感言而获取顾客芳心的企业家。李宁获奖无数，自从他创业后，每每有机会获奖，他的获奖感言一般都会包括这个内容：用我的创业精神带领中国体育品牌走得更远。

当然了，李宁还善于运用运动精神来做品牌上的营销，比如那句“一切皆有可能”，很好地把运动精神跟品牌结合了在一起。这也是李宁在获奖感言上常说的一句话，中国也可以有自己的运动品牌。类似这样的获奖感言，让他一次次把他的运动品牌推到高峰。

随着互联网发展，比企业家们更喜欢运用获奖感言来造势。雷军获经济年度人物新锐奖时，他的话更是给顾客打了一针兴奋剂。他说："小米是颠覆性创新的东西，颠覆肯定颠覆了别人的想法、看法，影响了别人的利益，一个新的东西产生以后，随之而来的就是诋毁、抹黑、羡慕嫉妒恨。我自己的想法是，不管别人怎么想，反正我把自己的事情做好就够了。"

从雷军的这些获奖感言可以看出，雷军正在极力说明小米是一个颠覆性的、创新的东西，这样说的目的在于给顾客一个这样的认知：小米是高端产品，是创新性很强的产品。当然有人对此提出怀疑，但是获奖有最好的说服力，所以雷军会毫无忌讳地反驳别人的议论。同时，雷军还在这个获奖感言上秀了一把成绩，他说影响了别人的利益，招人羡慕妒忌恨。这句话潜在的意识是，小米已经成功压倒对手产品，脱颖而出了，这样的言辞能迅速勾起顾客的购买欲。这也是潜在的语言，都是说给顾客听的。

这样的获奖感言，通过媒体的宣传后，所带来的产品粉丝是不可估量的。要知道，在经济年度人物评选的舞台上，有成千上万的媒体转载、播放，受众面极其广泛。CCTV中国经济年度人物评选被誉为中国经济领域的"奥斯卡"，是中国国内最具专业品质、最有影响力的一项评选，是中国认知度最高、最受社会各界推崇的一个品牌。截止于2014年已经步入第15个年头。在过去的14年中，每年当选的年度人物都成为中国经济的典型样本，通过年度人物，人们得以熟悉中国经济的年度面孔，感知中国经济的真实温度，见证中国经济前行的脚步，这也使得中国经济年度人物评选真正做到了"一榜知天下"。纵观年度人物14年历程，100多位获奖者中有李嘉诚、柳传志、王健林、马云这样的商界领袖，也有周小川、李金华、李毅中、苗圩这样的政界精英，还有吴敬琏、厉以宁、林毅夫、李稻葵这样的学界翘楚。所以，获得这样的机会，无疑是给企业做了一次全方位大规模宣传，为此获奖人的获奖感言也变得极为重要，他的言辞代表了企业的文化发展，以及对顾客的承诺与交代。

2012年，小米作为新兴手机制造商发展迅猛，其公司董事长兼CEO雷军因此获得了经济年度人物新锐奖，这当然帮助小米在营销上添加了一把旺火。而最近，这个奖还有个新特点，颁奖人与往年的获奖人会打赌下一年的企业发展动向，这个有意思的环节也给顾客留下了深刻印象，因为这一打赌，自然会引起顾客的好奇心，带动顾客在下一年度关注打赌的企业。

通过获奖感言，很多人都知道了小米手机。也让更多人了解了是什么让雷军实现了小米手机的销售神话。

其实，如果不是获奖感言以及获奖之后的采访，单凭小米自身的宣传，很多人不会知道这个公司存在的一些独特的故事。

通过经济颁奖节目，我们了解到雷军和小米过去不到两年时间中的表现，本身就是一个“不合常规”的创业故事。雷军需要适应，小米需要适应，外界更需要适应。以善于总结经验著称的雷军，用“运气好”来形容自己的2012年。“经常有人说我爱忽悠，但今年运气真的很好。”他说。这些幽默的语言，更是打造粉丝的最好机会，所以雷军在每次发言的同时，都不忘幽默一把，目的是为了俘获年轻粉丝，发挥其领导人获奖感言的作用。

用故事制造话题，宣传企业文化

企业文化的打造往往靠企业或创始人的故事来吸引顾客的眼球，比如福特汽车就有很多关于福特公司的故事，以及创办人福特的故事，这些故事成为这个企业文化的一部分。再简单一点，我们知道很多旅游基地，为了吸引游客，往往会按照景点制造很多故事，最有名的是西湖的断桥，多年前随着台湾一部电视剧《新白娘子传奇》的火爆，杭州西湖的断桥也跟着火爆起来，而很多人也是通过白娘子的故事才了解断桥的。在企业里，也可以利用这种宣传理念来渲染企业文化，让顾客了解企业、了解产品。

在网上，你可以随处看到关于小米或者小米创始人的故事，比如以下这个故事就能很好带动顾客了解小米，并更加信任小米。

雷军从2006年就开始了对移动互联网公司的投资，第一家是乐讯（lexun.com)，2007年雷军又投了UCWeb和一系列的公司。当2007年1月，苹果公司发布了iPhone一代，2007年6月产品正式上市，雷军第一时间就买了回来使用。按照雷军的话说：“我很受刺激，觉得手机居然还可以这样做？”

雷军怕自己的体验不全面，他干脆买了20部iPhone回来，送给了20个朋友。3个月后雷军发现，其实只剩下他和另外一个朋友在用。雷军这时候才发现，iPhone做得太超前了，很多细节没做好，不好用，但是苹果的iPhone打开了雷军的思路，雷军发现未来的移动互联网，将会是软硬件一体化的体验，软件将帮助硬件发挥更大的作用。而单独做软件，其实将会受到很大的局限。

雷军从那个时候开始就在想：谁能做出一台更好用的手机呢？

在2007年、2008年的时候，中国的移动互联网还不像今天这样红火。但是雷军已经看到了移动互联网就是未来，尽管当时很多人只是认为，雷军不过是为了他投资的UCWeb等项目做宣传罢了，但是实际上当时雷军就已经认定，手机在未来很长一段时间之后，将会替代PC成为大家最常用的工作与生活工具。移动互联网在中国的真正开始，其实是在2009年和2010年，雷军先行几年，他已经开始思考，如何去做一部属于中国人自己的手机的问题了。

到了2009年年底，雷军说他觉得他已经快40岁了，想干点真正的事情，因此开始认真考虑如何把手机做出来的问题。雷军说："在这件事情上是先下定决心去做，然后才去考虑如何做。"让雷军下定决心的是他感觉到了这个行业里一些未来的变化趋势，他看好的就是手机会替代PC，和手机工业的进一步互联网化。雷军觉得，他的手机之梦，终于时机成熟了。

这个故事被人传为佳话，人们羡慕雷军有这样的眼光遇见手机未来的发展趋势，而这个故事更为神奇的地方是，故事里带点个人美化的效果——雷军一下买了20部iPhone送给朋友用，目的是为了观察其他人使用时的感受。这样顾客看到了小米创始人严谨的一面，也让顾客觉得小米也应该是严谨的产品，于是有效地宣传了小米公司严谨、创新的企业文化。

以上这些，以及评论对小米企业而言，加速了小米品牌的推出，加强了顾客对小米品牌的认知度。通过媒体以及各种获奖的渲染，有人把小米手机形容为"孙悟空问世"——石头缝里蹦出来的。"很多人忽视了之前一年的市场培育，即通过应用、定制系统等互联网产品聚合用户，"晨兴创投刘芹说，"大家把营销表面化了。"

小米创立之初，雷军分析中国至少有100万小米发烧友，这是其核心用户群。而2012年小米手机预想卖出700万，那么其他600万是谁？其实，剩下的600万顾客，都是发烧友通过口碑传播来影响身边的用户，这也是互联网产品的特征，也是善于利用各种渠道宣传带来的效果。而这些宣传渠道，最终的目的就是有效地推广企业文化，让越来越多人成为小米公司的粉丝。

曝光产品实验，吸引顾客好奇心

2011年8月16日，雷军发布代号为“米格机”的第一代小米手机后，各种质疑的声音开始扑面而来，大家很好奇这样一款手机到底会有什么特别之处，会不会跟那些已经消亡的劣质手机一样，只是昙花一现。面对外界的好奇心，雷军非常清楚，第一个10万台“米格机”的成败决定着小米这家创业公司的生死，他给自己施加了很大的压力，“小米是我不能输的一件事”，“输了这辈子就踏实了”。然而，“国产山寨货”的称号一直顶在小米的头上，有人甚至不怀好意地说：“小米手机让我想起了神舟电脑，雷军让我想起了吴海军。”这让艰苦创业、心怀理想的小米团队如何能忍受。这不仅仅是一次产品发布，而是一次市场检验，试图通过曝光来勾起顾客的好奇心。其实，勾起顾客好奇心的这个步骤显得极其复杂。那么，雷军是怎么做的呢?

随后不久，小米在北京车库咖啡做了一个论坛，小米团队的核心成员全部出席。为了解除大家对小米的质疑，雷军当场拿出了自己的手机，重重地将其摔在了坚硬平滑的大理石地板之上。当时坐在旁边的黎万强和周光平都非常紧张，因为这是雷军第三次在公众场合摔手机，在不同的情况下，很难保证小米的质量能够万无一失，如果出现什么意外情况，这对于他们来说是致命性的打击，尤其是在这被外人称为“命悬一线”的生死存亡之刻。不过还好，从1.6m的高度上落下来的手机，只有电池从手机壳里飞了出来，其他地方没有损坏。在众人意外的尖叫声之后，雷军从容地捡起手机，重新开机，一切运转正常。这一举动让顾客对小米产品多了一些对产品的信心。

这样的经历可以说是雷军无数次摔手机的一个范本，同样的场景在某次腾讯召开的微论坛上也出现过，当时小米面对的是无数的媒体和记者，这些人能够瞬间将雷军摔手机的话题传遍整个互联网，而测试结果也第一时间在互联网上公开，可以说，雷军将所有的运气都赌在了这一行为上。到底是什么样的勇气，让雷军敢于公开地对自己的产品进行试验？又是多大的自信心让他能够乐此不疲，用事实来解释公众的疑问?

据小米联合创办人周光平博士介绍，小米手机在面世之前，一般会进行5轮抗摔实验，分5天进行。第一天首先进行人为的摔手机测试，结束后再对其进行75度到零下35度的高低温测试，然后再进行震动测试，这样反复地不断实验。第二天再按照同样程序进行第二轮实验，连续测试5天。可以想象，经历过这样千锤百炼的小米手机是有多坚固。为了让小米经得起更大的考验，他们还用水对其进行水冲实验；将其放到洗衣机里进行粉尘实验。更有意思的是，还要把它放到屁股下面进行“屁股实验”——看能不能被坐坏。除此之外，在小米手机发布会上，雷军还亲自向媒体介绍了小米的钢球跌落测试、滚筒测试、挤压测试等项目。凝聚了小米团队苦心的小米手机一定要经过几个月重重严峻的考验，小米团队才能将有质量保证的小米手机放心地交给小米用户们。

雷军坦言，一款产品是否山寨，首先要看生产商愿意花费多少精力来进行研发和测试。真正的好品质手机需要不断地修改，通过测试来发现其弱点。如果不对手机进行测试，或者以相对较低的标准来进行测试，那么这样一款产品，注定无法经受住考验。

雷军之所以能够一而再、再而三地摔手机，其行为背后是有足够的理由的。通过这样的实验方式，将实实在在的产品质量摆在了用户的面前，满足了他们对于“山寨手机”的好奇心。当然，结果也令人惊喜，在小米2的销售现场，他们首次公布了小米第一代以353万部的成绩获得了巨大成功。从此以后，雷军摔手机的行为成为业界的一段佳话，这家史无前例的公司从此在吐槽和谩骂声中渐渐成长壮大起来。从MIUI—米聊—小米1—小米1S—小米配件—小米青春版—小米2—小米2S—小米盒子—小米3—红米note，以及小米电视、小米PAD，不断被质疑，又不断在突破，追求国际品质的标准让它们在口碑营销中大获全胜。

回顾雷军曝光产品实验的原因，除了优质的质量保证，其实背后还在很多的因素。一流的设计团队是他们能够在产品质量上取胜的关键。之前提到的周光平博士就是这个设计团队中的灵魂人物，他之前任职于摩托罗拉，是多款明星手机产品的设计者。当然，清一水的苹果供应商、真材实料的加工厂和代工厂、严格的性能测试等都造就了这样一款质量过硬的优质产品。

在过去这几年中，小米通过其“野蛮生长”的奇迹，向世人证明了一个传奇的诞生。没有几个人能像雷军这样在公众面前摔自己的手机，成败悬于一线，没有傻子会干这种搬起石头砸自己的脚的事情。但是，他成功了。每每看到媒体用“雷军又摔手机了”之类的标题，忠实的小米用户就会在心底会心一笑，他们不再以“手机中的神舟电脑”来命名小米，而是以“互联网手机”“中国版苹果”等词语来赞美小米，在这些争议和谩骂中，小米坚守了自己的地位，成为一家特立独行的互联网公司。

用事件营销，轻松让人关注品牌

随着网络与用户越来越倾向于互动模式，任何一件发生在普通人身边的事瞬间就能传遍网络，任何一件事情也能通过网络在用户之间迅速传播开来。事件营销就是基于此的一种新兴营销方式，有人也将其当作一种线上和线下的活动营销。对于企业来说，是一种便利，他们尝试并且利用这种便利和用户进行各种各样的沟通与互动。我们熟悉的名人微博效应，便是企业利用具有一定新闻价值和社会影响力的人物，让他们在社交网络平台上参与并制造一系列事件，同时也让粉丝或者消费者参与进来并获得享受，从而引起更大范围内的媒体、用户的关注，激发其参与的热情，从而提高自身的经济效益。

简单来说，事件营销就是企业和组织以互联网为宣传渠道，通过把握新闻的规律，精心策划具有新闻价值、能引起用户关注的事件，通过具体有方法的操作，让公众直接参与进来，并乐在其中，从而让这一事件得到传播，使企业达到广告宣传的效应。他们在这类事件中可以直接吸引并转移公众注意力，改善并增进与他们之间的关系，在他们的心中树立起企业良好形象。

小米最有影响的事件营销案例就是“小米手机青春版”，这是小米公司为推出一款新型手机在微博上做的一次比较有影响的微博事件。这款手机机型配置双核1.2GHz主频的高通处理器、4英寸夏普半反半透彩色屏幕（854×480像素）、800万像素摄像头、768M的RAM和4G ROM，以及1 930毫安时的大容量电池，除CPU和RAM外，其他配置与小米手机标准版一样。

为了成功推出这款手机，小米为其设定了一个奇怪的主题——“150克青春”，并在一个月之前就开始预热，为这款手机的定义打造声势。其实，之所以将其称之为青春版，是因为这款手机的所有素材都是采用与校园有关的插画，包括打篮球、翻墙、考试作弊，等等，包括画面和色彩都让人感觉很青春，是专为校园内的年轻人而设计。这“150克”实际上是小米青春版的重量，包装盒里面也写有150克青春的字样，看起来噱头十足，也很少有人以这样的概念来命名一款手机。

在新产品正式发布之前，小米公司团队的7个核心成员还专门拍摄了一段微视频，为新产品在宣传上推波助澜。这段视频模仿了当时一部很火的电影《那些年我们追过的女孩》，他们依样画葫芦，参照这部电影的风格制作了一系列的画报和微电影，他们在视频中极尽卖萌之能事，各种展示青春的画面，让人们对青春版的手机主题更加明确，加上名人效应和电影的影响，直接将这次事件推向了高潮。2012年5月18日，小米正式发布了这款简配版手机，定价1 499元，限量15万台，超低的价格和微博事件的火热让它一经面世马上就遭到粉丝们的疯抢。

自从微博兴起之后，微博上各种有奖转发送礼物的活动越来越多，层出不穷。有出版社送书的活动，有网上商店送化妆品的活动。甚至有的明星为了答谢粉丝，每增加1 000万新粉就会自拍相片和视频当作礼物送给粉丝。谙熟互联网营销运作模式的小米自然也不落人后，青春版发布之后，他们趁热打铁，继续用优厚福利来吸引粉丝，通过有奖转发，让无数用户参与到转发活动中来，庞大的互联网用户在无形之中扩散了小米的影响力，这其中的价值，远远大于他们每天送出的那几部手机。活动3天之后，小米总共送出了30多部手机。而最终，“小米青春版”有奖转发收获了203万的微博转发量，新增粉丝达到41万。

除了在微博上做宣传，小米还将事件营销扩展到微信和论坛上。靠这种维护粉丝的方法，小米在微信上的营销也做得有声有色。一年一度的“米粉”节是小米做事件营销的最好时机，也是小米微信粉丝增加最多的一天，他们在微信上发起了限时有奖竞猜、有奖抢答的活动。2013年“米粉”节活动期间，小米微信公众号后台总共收到了280万条参与信息，由于参与人数太多，后台的操作系统直接崩溃，很多人因此无法再参与到活动中来。而这次活动也为小米微信新增14万多新粉丝，在如此短的时间之内，可见事件营销所带来的强大影响力。

类似的活动还有很多，对那些因为参加活动而新增的粉丝，小米仍然会定期举行活动来激活他们，鼓励他们参与到小米的营销活动中来，比如定期举行的抽奖活动，用那些比较受欢迎的产品做奖品，用户可以不用排队就直接拿到这些产品。

所以，小米微信公众账号仅仅用了4个月就增加了100多万新用户，这都得归功于事件营销带来的影响。最开始的时候，他们对于微信的定位也有些迷茫，到后来才逐渐清晰起来，而最终将其明确定位为客服。微信作为一款新的社交产品，其产品形态有其非常独特的地方，尤其是关键词回复设置，非常适合企业打造属于自己的推广平台。据后台操作人员的统计，小米微信公众账号每天会接收30 000多条信息，后台自动回复量为28 000条，人工处理消息量在2 000条左右。

与其他典型的营销方式相比，事件营销以更加新颖的方式在极短的时间里传播相对较大的信息量，并且不需要投入太多的人力物力，比之于广告省去不少制作费用，成本相对较低。比起口口相传的传统口碑营销方式，事件营销又能在极快的速度内将正面信息反馈给用户群，效率极高。小米正是通过这种新型的营销模式获得了许多企业终生都难以企及的好成绩，在多元化的社会媒体中，公众的注意力不断被分散又分散，一个焦点很快被另一个焦点所代替，企业不断在探索那些能够在极短时间内获得广泛关注的快餐化模式。小米凭事件营销以其投资小效率高的特点，成为互联网企业的后起之秀，它所做的事件营销也成为无数人都争相模仿的经典案例。

通过对小米事件营销以及其他著名案例的研究，我们可以发现，事件营销对于企业来说有其借鉴意义。总结起来有以下几点：

首先，提高企业和产品本身的知名度。对于那些知名度不高的小企业来说，消费者不可能在很短的时间里就认识到其价值所在，对其产品也很难产生信任感，这样的企业就需要通过定位目标群，扩大目标市场的受众面，从而让自己的企业和产品短时间内获得一个不错的口碑。事件营销正好迎合了人们的兴趣，将大家的注意力聚集到某一个点，通过把对目标市场具有吸引力的活动和事件进行包装和策划，加上企业公关团队的参与，配合媒体的传播力量，从而通过具体的事件来影响消费者的心理结构，从而使其将注意力聚集到企业和产品上来。

事件营销一旦成功，便会成为人们口口相传的热点话题，最后这件事已经不会单纯地局限于原来的受众和目标群，而会一传十、十传百，并且多层级、宽领域地扩散，从而达到“四两拨千斤”的效果。企业的影响力在这个过程中得到扩大，营销行为也在悄无声息中影响消费者。

其次，有利于开拓新市场。大数据时代的到来，已经让消费者很难满足于原来的信息传播方式和内容，普通的企业想要在行业内立足不是难事，成为佼佼者则难于登天。然而事件营销对企业带来的轰动效应足以让企业一跃而成为行业中的佼佼者。因为这种方式突破了消费者原有的接受方式，不落俗套，因此赢得自己的口碑，创造社会效应。企业还可以趁此机会提出自己新的营销计划和消费理念，对消费者进行导向，走出另外一条属于自己的新路子，从而在新环境新市场中占据绝对性的有利地位。

再次，节约企业营销成本。事件营销是企业有意识有目的地发起活动，制造新闻事件，不属于传统的商业活动，因而并不需要花费庞大的广告宣传费用，然而，它借助于新兴的网络力量，将全社会的关注点聚焦于某一件事情上，或者直接就动用所有人都关注的热点新闻进行营销。各路媒体自然也会不请自来，这样企业就不需要花费财力去邀请媒体和广告商来进行宣传和制作，并且能将宣传和营销同时进行，可谓一箭双雕。比起传统的广告营销，一起成功的事件营销所到来营销力是其数倍以上，大大节约了企业的运营成本。

的确，小米也在这几个方面获得了很大的收益，他们在各种社交网络中大力进行事件营销，将这一网络产物的影响力发挥到了极致，不费力气便让很多不了解小米的人开始关注小米产品。

戴上神秘面纱的产品发布会

对企业来说，定期举办产品发布会是维护客户、协调企业与客户关系的必要手段。一场精彩绝伦的产品发布会，不仅会提升人们对于企业和产品的良好印象，也能通过揭开新产品的各种神秘面纱，让人们对于它产生无限的期待。

最先让国内企业家“亮瞎眼”的企业发布会当属乔布斯的那场个性十足

的手机发布会。还记得乔布斯去世之后人们的反应是如何的吗?

听到乔布斯离去的消息，顾客的第一个反应就是拿出IPhone来纪念，即便是一直喜欢带键盘手机的顾客，也会在得知乔布斯离世的这一天，毫不犹豫地购买IPhone手机。当然，在此之前，很多人并不是“果粉”也不是“乔粉”，但是这一个动作，顾客才知道内心里自己是多么推崇乔布斯，乔布斯的魅力到底是什么。

在2003年的Macworld大会上，乔布斯的热情表现得淋漓尽致。乔布斯站在舞台上，他的气场像漩涡一样，他的声音、手势和肢体语言无一不透出权威、信心和能量。

乔布斯宣传新产品时，演讲的风格对演讲的效果也起着决定性的作用，表现了领袖的风采。他的每一段话都条理清晰，语言技巧得当，语调富于节奏。他灵活运用手势等肢体语言与听众交流。正是因为这样的发布会，让乔布斯有了发挥演讲才能的机会，也正是因为这个，乔布斯才拥有全球无数粉丝。企业在产品发布过程中不仅仅只有介绍新产品这一任务，还需要调动现场观众的参与性，引起他们的购买冲动，在产品打入市场之前，赢得好口碑。因此，发布会的流程设计和制定就非常重要，这关系着企业未来发展和产品销售是否顺利，关系着新产品是否赢得正面积极的形象。

因此，商家在发布新产品前夕都会精心准备，绞尽脑汁，希望在发布会上吸引到更大范围的关注度，例如，在某一款汽车的发布现场，车模们会摆出各种造型，让各路媒体尽情拍摄。在某款游戏的发布现场，也不难发现各种造型的cosplay，绝对是一道亮丽的风景线，而这些仅仅只是冰山一角，真正的发布会背后，还有很多神秘等待发现。所以，产品的发布会的重要性是不可忽略的。

小米一年一度的新品发布会不仅是业界备受瞩目的焦点，千万粉丝关注的焦点，也是各路媒体争相报道的对象，这样一场会议对于小米的形象和商业成长都具有十分重大的影响。为了给大家呈现一场精彩又创意十足的发布会，小米团队必须花费心思来准备。首先，总策划会亲自去落实每一个细节，包括邀请函、PPT、现场布置、产品体验区等，甚至包装盒都力求完美。其次，配合新产品的上市，小米官网也焕然一新，从结构调整到页面设计等重新改版，力图营造出新的面貌。同时，线上配合线下一起为发布会造势，他们利用商城APP销售发布会的门票，让粉丝都能参与到发布会现场中来。在发布会现场，运用现在流行的方式，将门票与NFC（近距离天线通信）功能绑定，衔接签到和抽奖系统，希望让大家得到身临其境的体验。而在线上，实时的图文直播将现场的每一个细节分享给线上的用户，从而增强与粉丝的互动性。

可以说，小米发布会场场都能成为营销的经典，离不开雷军对发布会的细节要求。产品发布会上，PPT的制作常常被人们认为不太重要的事情，其实，产品发布会最重要的一个元素当属PPT的制作。

都说好的作品是反复修改出来的，雷军对PPT的态度和标准尤其严格。一个好的PPT对于演讲者来说是锦上添花，在雷军身后，有一个专门制作PPT的团队，这个团队会根据雷军所要演讲的内容为其量身设计PPT的风格，同时他们还得跟硬件团队沟通新产品的相关详细数据以及功能，并将其展示在PPT的内容制作中，这样还不够，一丝不苟的雷军会反复跟他们进行核对和修改，在这个过程中，旧有的内容会不断被否定，新的内容也会不断增加，一份200页的演讲稿，往往PPT团队先后需要制作超过500页的内容，不到最后一刻，永远不会最终定稿。在这个反复而枯燥的修改过程中，也是小米团队重新认识并定位新产品的过程，可以说，PPT是一种重新认识和诠释产品的催化剂。

当然，PPT固然重要，而视频也是必不可少的一个元素。比起PPT和演讲者的解说词，一段形象生动的视频，不仅能更为直接地揭开新产品的神秘面纱，将新产品的各方面特点、性能立体化地展示在现场观众眼前，还能直观地传达出公司经营理念和策略。所以很多庆典、会议、发布会都喜欢用视频作为开场白，让现场观众对即将开始的发布活动产生一个直观且深刻的印象。

以小米的“倚天·屠龙”发布会视频为例，在这段精心制作的视频里，制作者有意将小米的客服体系展现出来，由此突出小米客服团队的完善和品质。观众可以在数分钟的视频里依次看到小米客服中心的场景、900名客服员工、大型仓储物流中心、全国各地小米之家以及服务网点，每一个镜头几乎都能看到服务部门忙碌且有序的工作现场。接待到访的客户，电话客服，清点货物……这些平凡又简单的日常工作，包括一份详细的配货清单，一个温馨的微笑，一杯水，一个点头，都凝聚了小米人耐心、周到、专业的服务品质。

开场视频简单温馨，将大家瞬间带入气氛，而针对小米手机专门制作的3D宣传视频则显得震撼，完美地为大家展示了小米3的真实面貌。制作初期，针对手机拍摄的角度、展现的形式等问题都需要不断地反复试验，测试视觉效果，一定要保证每一个画面的精彩，同时，对于视频的配乐也要花费很多心思，不仅要有感染力，还要切合每一个画面的内容，在关键时刻制作团队还需要重新作曲，力求最完美地表现主题。在素材准备就绪之后，再通过3D技术，对产品进行阐述，最终完成凝聚大家心血的作品。

当然，发布会现场的视频展示也是非常重要的一环，小米聘请了优秀的摄影团队，在现场的灯光、布局等方面花了很大的工夫，同时还特别使用了电视台级别的视频输出系统。从发布会结束到最后全部视频的整合制作，总共用了40多个小时，最终其视频效果是一流的。

另外，在场景设置上，也是产品发布会重要的环节之一。在“倚天·屠龙”的发布会中将同时推出电视和手机两款产品，如何布置体验区，让两款产品同样光彩夺目，这是摆在大家面前的难题。团队最开始的决定是以1∶1模型将两款产品同时展现出来。后来，经过大家的讨论，认为还是按照真实的生活场景来布局比较好，比如把体验区分为卧室和客厅的模式，设计出符合年轻人口味的时尚、可爱等8个不同主题体验区，力图将手机产品打造成年轻人的第一款手机，将电视产品打造成年轻人的第一台电视，也是最顶配的3D智能电视。

除了以上几个方面，小米还在包装盒、邀请函上花费了颇多的心思，不论从纸张质量、设计风格还是工艺制作都力求做到最好，从这些大大小小的台前幕后工作，我们看到了小米团队的用心良苦，为了做出让用户满意的产品，他们在任何细节上都力求极致与完美。

网络数据，无声的口碑

如果你在一个咖啡厅用苹果手机打开浏览器，在那么小的屏幕上输账号密码，你不很痛苦吗?当你跟服务员要密码的时候，第一次要的不对，第二次要的时候你掏出了小米手机，它自动问你是不是链接，你说是，自然就连上去了。

——雷军

无声的口碑，依靠大数据迅速传播

大数据正在给互联网带来翻天覆地的变化，尤其是在大数据营销运用上。这种基于大数据积累基础上的受众购买方式，正改写网络广告生存法则。随着媒体碎片化时代来临，流量开始分散，流量背后的受众也随之分散。在上述各种流量平台上，而大数据精准技术的必要性就突显出来。广告效应引起的口碑效应更是对比传统广告模式其效果成千上万倍地放大，让一个很小的宣传都得以在很短的时间内迅速放大影响，形成企业所需要的宣传效果。

借用雷军在中国IT领袖峰会上演讲的一些话："口碑是什么?很多人觉得好产品有口碑，也有人觉得便宜产品有口碑，我想跟大家说不是这样的，这个世界好产品很多，便宜产品很多，又好又便宜的产品也很多，口碑的传播是超预期。"

小米作为传统行业做电商的典型代表，可谓是把口碑营销做得淋漓尽致、非常完美。其实，关于口碑，传统行业可以借鉴小米的口碑营销，也许也能在营销上有好的成绩。

以人的正常心理来分析，当人们遇到新奇而有趣的事情时，总会情不自禁地关注并分享，因为人都想分享自己的新知。所以，当在为自己的产品营销策划口碑营销时，可以从新奇的角度出发。比如，小米就抓住了人们好奇心理的角度进行营销。小米努力推出这么一个概念："小米——米格机！米格机——手机中的战斗机！小米是手机中的战斗机。"这一概念让很多人觉得好奇，于是营销手段达到了。口碑也因此一传十，十传百。

另外，让顾客感到快乐，也是一种营销手段，这样的手段能得到口碑上的好效果。没有人会拒绝传播快乐，当我们给用户带去快乐时，想让用户不传播都难。小米跟顾客分享了很多快乐的事，比如粉丝在小米论坛上分享自己的照片，新顾客看到别人秀小米拍摄的高清照片，于是感受到了这是一种快乐，也跟着去购买小米，因为如果没有购买小米，就没法把高清照片发到小米的论坛上。而如果顾客分享了产品所带来的快乐，口碑也就应运而生。

当然，讲故事也是发展企业口碑效应的手段。近年来，很多企业家喜欢出版自传，自传里带有大量的企业领导人的故事，以及关于企业的故事。读者阅读这些故事时，会不由自主地追随这家企业，变成终极粉丝。从而发展成为口碑传递的最原始媒介——人与人之间的口口相传，进而形成口碑效应。

好的故事，人人都爱听，也乐意传播，而且在口碑营销中，制造有趣和易于传播的故事是个非常好的策略，因为想引起口碑，必须有话题才行，而且故事本身就是非常好、非常持久的话题。雷军也出版过个人传记，而在网络上，雷军也喜欢讲自己的故事，喜欢讲创造小米时的故事，这些故事有的是励志的，有的是娱乐的，反正让人喜欢听，这样就能造成口碑上的宣传。

再则，作为企业家，要有关怀社会的社会责任，这样才能获取更多的口碑。其实中国的消费者是很容易被感动的，只要用户满意，并会用口碑回报你。比如，小米就热衷于社会公益的活动。2014年4月20日，在台北福华国际文教会馆卓越堂举办了台北小米同城会的公益活动，活动由热心"米粉"提供了很多精美物品用以公益义卖，义卖所得全数捐给患有罕见疾病的儿童。

其实不管如何的口碑，如果顾客感受不到他受惠了，他也会不那么积极去购买你的产品。所以，互惠也是口碑宣传总必不可少的元素之一。

感恩是人类的优秀品质之一，我们如果能够有效地帮助用户解决他们的问题，用户自然会用口碑回报我们。比如小米推行的低价活动，往往会让顾客得到最大的优惠。

最后一招口碑营销是共鸣，心理学中有一种策略叫情感共鸣，通过这种方法，可以快速拉近与陌生人之间的距离。而在实施口碑营销的过程中，如果我们产品能够与用户产生内心共鸣，自然就会形成口碑效应。小米获得人们的共鸣，是由于各种精细的设计而得来的。当顾客在使用的过程中，顾客得到了相同的话题（好话题），自然形成一个具有共鸣性的口碑宣传媒介。而这一切，又得感谢现代网络技术的恩惠。顾客能迅速接收到小米所传递的信息，于是口碑也会在网上得到更大规模的宣传。

公布成绩单，制造被大众看好的口碑

小米最具撒手锏的一招网络营销手段当属公布销售额数据。小米乐意把销售数据公之于众，吸引消费者眼光，从而俘获大量粉丝。

2012年，小米尝试到了公布成绩单的好处。还记得当年的一则新闻吗？这则新闻响彻了华夏大地，使亿万手机用户改变主意——还是购买小米吧。

我们来看看当年的成绩单：

“昨天（2012年7月25日），北京市经济和信息化委员会在京举办小米模式研讨会，就2011年诞生的国产智能手机黑马——小米手机的商业模式进行研讨。小米创始人雷军分享了小米模式的创新之处，并宣布截至6月底，销售额已达到60.5亿人民币。”

“小米科技创始人在小米模式研讨会上宣称，截至今年6月底，小米含税销售额已达60.5亿元人民币，约合10亿美元。在早前，雷军层宣布于6月12日小米手机销量突破300万台，并获得C轮2.16亿美元融资，估值高达40亿美元，相当于黑莓和半个诺基亚的市值。”

“此外，雷军还分享了小米模式，称小米的热度是顺势而为的结果，是赶上了手机电脑化、行业互联网化和用户体验一体化三大产业变革的关键节点所致。”

“雷军同时表示，小米手机是全球首个互联网手机品牌，成功把电商的模式用来做手机运作；第二小米也是最早引入互联网的开发模式来开发手机操作系统的；第三点对整个行业都非常重要，把手机的黑盒子打开，强调真材实料，让手机参数和配置透明化。”

“北京经信委副主任梁胜则认为，小米之所以能在那么多国产品牌中脱颖而出是创新的结果，政府会大力支持小米这样的创新企业。梁胜还认为小米最核心的是定义市场的能力，定义市场才能定义产品，才能定义技术，才能定义服务。”

“电子科学技术情报研究所高级分析师陈新河剖析称，小米商业模式和IPhone商业模式简单的比较，基本上除了iTunes之外都有对应的策略。”

这些信息让小米在2012年后的几年销售成绩里，一直保持领先位置，并大量占据手机市场份额。直到2014年4月8日，雷军又采用了这样的营销手段，同样取得巨大的成功。

（2014年）在一年一度的“米粉”节雷军透露：“一季度出货突破了1 100万台，仅3月份就突破了580万台，按照150%的增长速度，今年的销售额将达800亿元。”对于外界关注的新品路由器，小米已经过三轮测试，并于2014年上半年推出。

“大家还是抱怨买不着，我们真的在扩产。”雷军介绍，2014年一季度出货量突破1 100万台，仅3月份就突破了580万台，4月份的出货量将达580万台。他指出，随着小米规模化发展，每星期电商部门要接到50万到100万订单，“‘米粉’节只是演戏，看看到底有多大能力支撑这么大的量。”

雷军所谓的出货量就是厂家交付给小米公司的产品数量。雷军预计2014年6月底7月初公布上半年的销售指数和销售额，全年预计的销售额将达800亿元，小米创始人雷军这么预言：“明年将突破1000亿元。”

小米手机的热销将拉动零部件的需求，如劲胜股份已切入小米的移动电源、手机外壳等项目，2014年会继续扩大并深化同小米的合作；深天马主营小尺寸液晶显示屏，正在与小米合作开发手机新品。

以上这段新闻，无疑传递了雷军对小米产品的一个宣传包装。雷军在“小米米粉日”就大胆地预测未来的销售额，给顾客打了一针兴奋剂。当然了，有月销售预测也有年销售预测，也公布了接下去的合作事宜，这些数据化的宣传，往往给当下的市场带来前所未有的刺激，因为消费者的心理是这样的：我要跟得上时代，不能落后时代，现在这么多人买小米，我也得买，不然就落后了。

就是这样，雷军大肆宣传销售量、市场份额，鼓吹市场销售效应，这样会瞬间带动一大批顾客前来排队购买小米。不信？我们接着看下面的成绩单。

这样公布成绩单会带来怎样的效果呢？我们不妨再来看看小米同日在官网上发布的另一张成绩单。

也是2014年4月8日，根据小米官方统计显示，销售数据公布开场后10分钟，小米网访问流量达到1 500万人次，第15分钟50万台手机订单全部售罄，第20分钟支付金额过亿元。截至当日16点30分，小米总共售出了86.5万台手机，5 000台小米电视与10万台小米盒子。在配件方面，小米售出了53.8万个移动电源，38.7万个活塞耳机，11.5万个随身WIFI，28.5万个鼠标垫，以及12万个米兔玩偶，总支付金额突破10亿元，刷新了小米单日销售最高纪录。截至当日20点40分，手机售出115万台，配件售出446万件，产生200万个订单，支付金额达到13.4亿元人民币。“米粉”节当天的全天支付金额有望破15亿元人民币。

这就是公布成绩单后收到的效果，一天带来了15亿元人民币的销售额。这便是这种销售策略所创造的成功。

因此，公布数据，是取得顾客进一步信赖的好方法。但是有个原则是必须要遵循的，企业所公布的数据必须是积极的，如果是消极的数据，势必会对企业的形象造成影响。我们知道，一些明星也喜欢公布个人的收入，比如成龙会经常公布个人的财产，以此证明他在影视圈混得开，但是如果一个明星公布的财产很糟糕，连一处房产都没有，这等于在抽自己的嘴巴。这跟企业营销是一样的道理。企业公布销售业绩，如果业绩是令人感到骄傲的，就可以大胆公布。这样一来，顾客会觉得放心，认为这是大众消费行为，于是购买的顾客越来越多，然后会出现连锁反应，顾客的口碑效应也会是相继出现，甚至出现结伴、组团购买，这样一来，便大大加强销售力度。

利用现代网络工具树立口碑

> 通过微信、微博、QQ空间等营销平台，营销费用基本等于零，计入员工成本，不超过营业额的1%。一般制造业营销费用在营业额的10%，渠道费为营业额的20%~30%，合计30%~40%。小米为什么可以实现极优性价比？原因是小米成本的节约，包括营销成本的节约，节约的成本返给了消费者。
>
> ——雷军

玩转微博营销

根据小米公司副总裁黎万强的说法，小米手机有70%的销量是通过互联网完成的，剩下30%则是来自运营商，如果再进一步细化，小米有50%的产品是通过微博、论坛等社会化渠道最终转化为购买。

小米科技的经营策略有很多，主要有口碑营销、事件营销、微博营销、社区及论坛营销、饥饿营销，但是微博营销却是其中最重要、也是最具有影响力的宣传手段之一。本小节主要讲述的是小米科技怎样运用微博营销对其品牌进行塑造，以及怎样通过微博营销与其他渠道相结合，从而达到品牌效果最大化。那么小米公司如何通过微博营销塑造公司品牌？

小米在运用微博营销这一手段时，主要有三大目的。

其一，塑造个性化形象。

“关系”“互动”是微博的主要特点，小米公司一直注意将企业微博办成只为官方发布消息的窗口。在通过微博发布消息时，小米公司一直让人感受到人情味，让人感觉是在交流和沟通，而不是盲目自大、故步自封，听不进别人的观点和意见。小米公司以建立直接主动沟通渠道的方式，来获得顾客信任。依靠自媒体实现企业公关传播是一种低成本的有效建立信任关系并促进推广和树立新品牌形象的武器。

其二，提高专业化水平。

由于微博具有即时性、互动性和零距离接触等特点，微博中的负面信息和不良用户体验非常容易在微博中迅速传播，为公司带来不利的影响，如果不能做到微博的专业化，只是流于平庸。把其当作企业的装饰品，倒不如不去建设企业微博。小米公司还抓住微博用户大都以休闲心态使用微博的，因此，在微博内容上则力求生动有趣、形象自然，使关注者本能地愿意关注其微博，不仅企业信息得到了传播，也能够大大地提升企业品牌形象。所以，小米公司在提高其公司微博的专业化水平的同时，也加深了小米公司企业品牌在“米粉”们心中的形象。

其三，实现准确定位。

小米公司的微博对于小米公司来说，不仅需要为数众多的微博粉丝，更要求粉丝的素质高。小米公司进行微博营销的最终目的是为了从它的微博粉丝身上寻找潜在的客户，获得潜在的商业利益，拥有潜在价值的粉丝才能达到这一目的。作为一个电子产品研发和销售的企业，小米公司能准确找到其公司微博定位，发布一些能够吸引目标顾客关注的产品信息，不仅能有效达到营销目的，也能增加微博的访问量和微博关注度。

其实，小米科技通过微博营销使得“为发烧而生”的营销哲学得到很好的实现，而且更为重要的是在消费者心目中塑造了一个独一无二的小米品牌形象，这也是让小米的使命更向前迈进一步的最好诠释。小米科技取得骄人的成绩并不是一蹴而就的，而是通过精密的策划，以下是笔者的几点启发：一是公司高度重视微博营销。小米有20多个人专门负责微博营销，他们大都是对技术、产品精通的员工，会在微博上及时发现用户反映的小米的问题并与之沟通。二是员工高度参与微博营销。不仅小米科技创始人雷军每天在微博上至少和100个用户互动，而且公司几大创始人也非常重视和用户互动，其他员工也积极参与这一系列的营销。三是注重用户参与互动。小米科技注重在微博上与粉丝互动，并且善于在微博上关心回馈粉丝。

当然，很多人现在可能已经在模仿小米做微博营销了。不过，现在的微博营销环境变得越来越让人担心。小米正是善于抓住时机，应时而动，才能在2014年内用微博收获成功。所以创业者们在看到小米营销成功的同时，也要去观察小米在微博营销中可能会产生的问题。有意识地规避现在微博营销容易出现的问题，才能取得微博营销的最后胜利。

首先，微博活跃度在下降。小米副总裁黎万强承认："泡在一个地方的群体，到了两年三年都会有些疲态，像男女朋友，时间长了也会有审美疲劳。"

IT评论网虎嗅统计了一组小米公司官方微博的数据侧面印证了该观点，单就2012年"#米言米语#"这一主题话题而言，就近10个话题的平均转发数为719次，而在8月初时平均转发均值为725次，考虑这期间小米公司官方账号的粉丝有10%的增加，微博粉丝活跃度的下降并非空穴来风。

其次，小米的首批粉丝也进入了互动疲劳状态，面临的不仅仅是微博对用户吸引力的降低，就其自身而言，首批"发烧友"亦在步入疲态期，论坛或微博在很大的程度上都已经很难勾起他们的互动欲度。

虎嗅在《小米手机的沦陷与自救》一文中曾提到："小米手机的传播有着强大口碑效应，即小米的第一批使用者，'米粉'通常会将手机强烈推荐给家人朋友，使之成为第二批使用者。"黎万强也印证该说法，称在小米超700万的销量中，有42%的用户会进行2～5次重复购买。

由此可推论，若首批用户流失，将使得小米丢失维系第二级用户购买力和情感的纽带。不过黎万强对此并不担心："对于产品的用户，所有情感的维系都是基于动人产品之上的。"

再次，微博营销的边际效益或在降低。2012年，小米运营团队已经从最初的2名员工扩张到了37名（分为拥有24人的售后组，同时拥有13人的官方账号组），由于小米在香港、台湾的上市销售，因此其Facebook与Twitter的账号已经由其中2名员工承担起了运营的任务。而该团队在2012年第二季度仅由20余人组成，人数的递增不一定会产生成比例增长的商业价值。

最后，微博上的负面声音正在变强，竞争对手在微博上频频搞乱小米力图营造的气场，微博营销不再是小米独门武器。从2012年中期起，微博上"过度营销"与"期货手机"的评论与标签，被越发频繁地打在小米这个品牌上。对此雷军曾不以为然地说："小米诞生到现在网上有90%的信息都是负面的，但这并不影响小米的实际销量。"但事实恐并非如此。否则，他不会对周鸿祎在微博上踢小米的馆恼怒异常。2012年11月底，随着小米2与魅族MX2短兵相接，大批魅族粉丝涌到雷军微博下面评论，雷军更是在开微博以来首次关闭了评论。

那么，微博营销团队会怎么应对？

小米副总裁黎万强是小米营销的操盘手。他说："小米营销团队的不同之处在于，我们是按做运营的思路在做营销。公司的营销团队以前都有产品的经历。"

据黎万强介绍，小米微博的运营经历了三个阶段的变化，在第一个阶段时，公司认为微博仅仅是个营销平台，那时的微博团队只有2个人，主要是对官方微博的维护以及有奖转发。到了第二个阶段，将微博变成客服平台，变成天然的客服通道。而进入第三个阶段，开始探索通过微博向销售扩张的可能性。

第三阶段的代表产物，就是小米与新浪微博的联合售卖。小米官方对结果表示满意。除了小米手机预定微博转发高达254万次外，据小米手机运营经理钟雨飞介绍，内部平台显示该微博曝光次数高达3.5亿次，如果按照新浪官方的4 000万日活跃用户来计算，每个当日登录新浪微博的用户平均会看到9次该预定信息。而此数据还不包括"老沉""新浪科技"等"大V"不惜余力地转发带来的曝光度。

尽管双方各得其利，皆大欢喜，但通过一些关键数值，不得不让人引发"注水"的联想。在一款微博的监控数据软件中可以看到，"小米手机"的粉丝数在活动期间由75万猛增至152万，但粉丝活跃率也由27.6%骤降至14.9%（注：据虎嗅说明该数据与新浪官方活跃度的计量方式有较大偏差，也就是说，其中有许多用户是单纯地为了抢购造势而注册）。按照该工具的统计，真实的活跃用户仅增加不到2万人，而小米手机的粉丝数也在活动后的数天中呈递减状态，粉丝数在两周时间内减了超过1.5万。

可以看出，类似的社会化电商活动，可以在单日将曝光度和粉丝数蹿升，但来得快散得也快，后续效果并不太好。

此前，雷军曾放出切断一切线下广告的豪言，但面对微博营销局势的变化，小米必须要探索微博营销之外的新打法。

下一步，小米应该另辟线上还是盘活线下？

利益至上的商战之中，绝大多数概念都是为了利益而生，等到了需要的时候，脱下曾经披上的马甲，有时还能跑得更快些。

“发烧友”可能会成为小米的一个短期概念，微博营销也同样如此。面对着微博营销即将出现的瓶颈，小米的未来的战场还可以做一些什么？笔者认为可从以下方面着手：

首先，社会化营销方面，减低对新浪微博平台的依赖。

2012年12月份时，雷军不忌讳与米聊有冲突，开始在微信上活跃起来。这是什么信号？此前，小米官方表态对微信还是比较谨慎的。黎万强说：“在前5 000个微信用户中，我们发现售前咨询的比较多，但在团队没有搭建好前，我们也不敢贸然尝试大幅推广。”但无疑，小米正密切关注微信的营销与电商动向。

此外，考虑到腾讯Qzone等平台的流量价值亦颇为可观，习惯试错和喜欢小步快跑的小米不妨一试。

其次，拓展校园用户。校园亦可以是小米很好的落脚点，目前在校园市场做得最好的便是华为，无论是C8650或是C8812，其单款机型的销量均超过了小米各款手机之和。

目前小米已经不再独守1 999元，1 299元的款式已然成为老用户的首选，据黎万强介绍，这种高低搭配的售价早在2013年已经部署。小米已和运营商有着深度的合作，在开学营销之时，将一款千元左右价格的小米带入了校园。这里无疑是小米最大的一块处女地。

再次，不可避免地要走向线下营销。

在2013年三季度，雷军曾在一次会议上表示小米将撤掉所有的线下广告，但后来小米在分众的投放显示：线下营销万不可没。

在接受虎嗅采访时，黎万强为雷军的食言圆场，“小米的核心思路：第一，是创造互联网手机品牌；第二，是以互联网为主永远不变；第三，合适的时候加入其他的手段来营销。在精力有限时，小米会选择性价比最好的互联网渠道，但是到了两三年后，当小米的目标将是3 000～5 000万台的时候，这时候就需要大众媒体平台的介入”。

正如虎嗅《雷军系好生意》所提及的那样——“雷军系的整合还会持续进行”，可以看到的是小米需要凭借大众媒体平台去推销的，将不仅仅是那

3 000～5 000万台手机。打入电视存量市场的机顶盒、小米平板、笔记本甚至智能电视，已不是发烧友们所乐意冲动购买的范畴，如何搞定“发烧友”的父母们成了小米开始考虑的对象。

在2013年的春晚招标中，小米投入重金拿下了“2013年春节贺岁套装”的广告位置。在所有购买春晚广告的公司中，小米是唯一仅在此买了电视广告且没有铺设线下渠道的厂家，这个举动显得突兀而怪异，性价比也不高。对此种说法，黎万强表示认可。但他同时表示这次投放也被看作是一种实验性的、观察性的测试。

最后，小米或会在2015年一些城市创设线下旗舰店，像苹果专卖店一样，它承担面向大众的销售服务与品牌宣传的双重功能。目前看，2014年小米的微博已经以小米官方微博的职责，完成了信息发布、运营等程序，可谓一举多得。

论坛、QQ空间、微信……小米卖的是参与

小米手机凭什么获得了成功?仔细研究你会发现，小米卖的不是实体的手机，而是网络的服务。既然是网上营销，固然缺少不了网上传播的手段，当大家都对小米的营销模式感到好奇的时候，人们猛然发现，所谓的小米传播方式其实很简单，只是通过平常人们都可以接触到的网络传播工具进行宣传、营销。

对于网络传播，小米公司内部与公司外部总结出了很多经验，总的说来包括两个层面，一是极致的产品体验，实现的手段是“铁人三项”，即雷军所说的“软件+硬件+互联网”；二是互联网驱动，包括营销互联网化、渠道互联网化、供应链管理互联网化。雷军的总结是“专注、极致、口碑、速度”。

外界谈论得最多的是营销，一些行业竞争对手甚至认为小米成功仅靠营销。小米手机联合创始人、副总裁黎万强接受《21世纪经济报道》采访时表示：小米的成功绝不只是营销，同时小米的营销也不是外界所理解的营销，不仅仅是发微博、转微信等简单动作，而有一整套互联网营销思维及策略。

小米的秘诀是什么?黎万强的答案是：第一是参与感；第二是参与感；

第三还是参与感。从产品开发，到营销，到服务，用户全程参与。

独立分析师金错刀说："某种意义上，小米卖的不是手机，是参与感。"

2009年，雷军二次创业成立小米，第一个产品是MIUI操作系统。黎万强是当时负责MIUI业务。雷军问他："老黎，能不能不花钱做到100万用户?"不花钱怎么能拉到用户?唯一的办法就是在论坛做口碑。在雷军的重压下，黎万强开始带领团队泡论坛、灌水、发广告、寻找资深用户。

黎万强从最初的1 000个人中选出100个作为超级用户，参与MIUI的设计、研发、反馈。这100人成为MIUI操作系统的"星星之火"，也是最初的"米粉"。

后来做手机，小米走的是同样的路子。在"零预算"的前提下，黎万强建立起小米手机的论坛，成为"米粉"们的大本营。

不同的是，MIUI起家时一穷二白。至2010年决定做小米手机时，MIUI论坛的注册用户超过100万，遍布于全球数十个国家，他们成了小米手机的第一批粉丝。另外一个不同点是，2010年，微博开始流行，自然而然地，粉丝的阵地也从论坛向微博覆盖。

雷军后来曾这样总结，微博的崛起帮助了小米，小米赶上了这一形势。

如今在小米论坛上，有几个核心的技术板块：资源下载、新手入门、小米学院，后来也增加了生活方式的板块：酷玩帮、随手拍、爆米花等。目前小米论坛注册已经超过1 000万，日发帖量超过10万。

在小米论坛上，"米粉"参与调研、产品开发、测试、传播、营销、公关等多个环节。除了线上活动外，还有更为强大的线下活动平台——"同城会"。

目前"米粉"同城会已经覆盖31个省市，各同城会会自发搞活动。小米官方则每两周都会在不同的城市举办小米同城会，根据后台分析哪个城市的用户多少来决定同城会举办的顺序，在论坛上登出宣传帖后用户报名参加，每次活动邀请30~50个用户到现场与工程师当面交流。

黎万强说，"米粉"文化有些类似车友会。车友会是因为"车"这个共同爱好而聚在一起，然后组织各种形式的线下活动；"米粉"是因为"小米手机"而聚在一起，在线上讨论，在线下组织活动，做公益事业。

小米官方没有举办“米粉”活动的时候，或者没有小米官方举办“米粉”活动的地方，当地“米粉”会自发地组织各种形式的同城聚会，全国各地加起来，每年有三四百场。

此外，小米还设立了“米粉”节，是与用户一起狂欢的Party。这是“米粉”的节日，在每年的“米粉”节活动上，雷军会与“米粉”分享新品，沟通情感。

“米粉”是小米手机最忠实的用户，“米粉”中重复购买2～4台手机的用户占42%。

社会化营销一直成为小米在网络营销上的一个奇迹。小米不仅通过论坛、微博等参透社会，此外还有微信、QQ空间等更是把营销做到了社会生活中，所以我们把这样的网络营销称之为“社会化营销”，这样的营销好处在于生活化，而且成本低。

黎万强说，小米对不同社区渠道有比较明确的分工，简单来说就是“微博拉新、论坛沉淀、微信客服”。微博的强传播性适合在大范围人群中做快速感染、传播，获取新的用户；论坛适合沉淀用户，是持续维护式的内容运营，保持已有用户的活跃度；而微信则是一个超级客服平台。

小米论坛目前注册用户已经将近1 000万，每天有100万用户在上面讨论，日发帖量达20多万；小米手机的微博账号已经有200多万粉丝；微信账号订阅数是256万，每天在微信上的用户互动信息有3万多条。

小米新近进入了QQ空间，小米认证账号的粉丝数超过了1 000万，小米公司在QQ空间做活动时，至少都产生几万转发。

2013年天猫“双11”当天，5万部小米盒子13分钟内全部抢空，11万部小米3手机两分钟内全部抢空，单店销售额5.53亿元，创造了“单店破亿速度第一、手机类单店销售额第一、手机品牌关注度第一”的成绩。

用户的参与感通过什么形式产生?小米的方法通常是两种：话题和活动。黎万强列举了几个活动，其一是“150克青春”。话题发布后，所有人都在讨论：“传说人的灵魂是21克，那为什么青春是150克呢？”。在青春版手机发布时，答案正式揭晓，150克是指青春版的小米手机重量。

在小米手机青春版发布会当天，“150克青春”的微博转发创下了2012年微博最高转发数。该次活动共有200多万转发，100多万的评论。黎万强很得意：这是不花一分钱的结果。

另一个活动则是“我是手机控”。2011年8月，小米手机在微博上发布了这一活动，雷军在微博里率先炫耀自己的“藏品”，用户的热情和炫耀心理被激发出来了，在很短的时间内，就有100万用户参与了，同样没有花一分钱。

又如小米社区举行过“智勇大冲关”活动，比拼谁更了解小米手机的一些参数，优胜者可以获得小米社区的勋章、积分等奖励，参与人次是1 800万人次，有100万人参与了活动。被激发的同样是人们的炫耀心理。

红米手机发布时，小米携手腾讯QQ空间联合发布活动，让大家猜测发布的产品是什么，有650万人参与此活动，有750万用户预约，首批10万台红米手机90秒内卖完。

这是小米在社会化营销上创造的奇迹。黎万强这样解读这一奇迹背后的社会心理基础：这并非只是利用人类的炫耀心理，而是人类自我认知、自我表达的最基本需求之一，炫耀与存在感是后工业时代和数字时代交融期，在互联网上最显性的群体意识特征。

MIUI开发版每周五发布，小米公司把这一天定义为“橙色星期五”：小米的品牌基调色彩是橙色，每周五下午5点，MIUI正式升级。

在小米论坛上，用户可以决定产品的创新方向或者功能的增减，小米公司为此设立了“爆米花奖”：每周二，小米会根据用户对新功能的投票产生上周做得最好的项目，然后给员工奖励，颁发“爆米花奖”。众多“米粉”参与讨论产品功能，以便在下一个版本中做改进。这种将员工奖惩直接与用户体验与反馈挂钩的完整体系，确保员工的所有动机不是基于大项目组或老板的个人爱好，而是用户的反馈。这个活动已经持续了3年多，至今一直深刻影响、左右着小米产品的设计和完善。

黎万强说：“每周五开发版发布，MIUI社区的点击数都是几十万至上百万，此前一周或者两周，用户会跟我的产品经理、团队一起在论坛上聊，到底我想要什么功能，到底这个功能做得好不好。”

在整个产品开发过程中，无须小米主动引导，很多核心用户能够清楚地知道手机的电话功能是哪位工程师做的，短信某个功能是谁做的，并作恰当的评论。

海尔集团董事局主席张瑞敏曾表示：“未来的生产制造是并行的，即开发者、消费者、供应链伙伴、销售渠道、售后服务等在产品设计阶段即参与开发、产品设计、生产制造、销售、服务等整个产品周期；与之相对应，过去的生产制造是串行的，开发者、消费者、供应链、渠道、售后服务是割裂的，只参与某个环节。”

“并行模式、全产品周期参与”正是小米的秘诀：小米公司、“米粉”、小米供应商、小米电商、小米售后全程参与小米手机的各个环节，参与者相互互动、交流。

社会化营销在其中起到的作用则是，通过互动、口碑方式，将更多的人裹挟进入小米发起的这场“全民战争”。

从这种意义上来说，小米卖的不是手机，而是参与感。

小米之家，其实只服务口碑

小米之家是小米手机公司成立的直营客户服务中心，不负责任何与经济挂钩的业务（这点完全体现了小米成立小米之家的初衷，不是为了卖产品，而是为了服务），小米之家的成立，其真正目的是为广大“米粉”提供小米手机及其配件自提，小米手机的售后维修及技术支持等服务，是小米粉丝的交流场所。小米的粉丝从此有了他们的共同之家，这点有益于保存和壮大粉丝量。因为小米的粉丝能通过小米之家跟其他小米粉丝进行交流，并在交流的过程中提升对小米的认识。所以，小米之家的成立，是因口碑的传播而成立的，说白了，它只服务于品牌的口碑，使口碑提升、壮大。

有人说小米之家是冒险的行为，投入如此之大，换来的只是安抚、稳固、提升粉丝的质量。其实并非如此，现在广播电视以及各类媒体的传播已经司空见惯，影响甚微，相反，这种直接的面对面的交流，往往能起到实际作用。因为对于小米的粉丝而言，他们对高品质的追求，证明他们都对社会有一定的认识，并有自己的见解，对于过于陈旧的广告，他们会抵制。所以，小米抓住了人们的心理，迅速启动这项营销方式。小米之家从2011年下半年开始建设，11月底完成开放。小米之家已经覆盖全国各主要城市，先后在北京、上海、广州、深圳等地安营扎寨，2012年3月底，小米之家实现了在全国30个城市开放。

2011年10月20日，小米手机零售版开始向30万预订用户发货。首周每日1 000部的供货量，以后两周供货量则分别递增为每日2 000部和每日3 000部。此外，重视售后的小米之家已经在全国7座城市建成，全国28座城市实现上门取货维修。这又大大方便了“米粉”们。

对于手机的售后服务问题，小米手机承诺将提供包修、包换、包退服务，即：产品售出(以实际收货日期为准)起7日内可据三包服务细则退货、15日内可据三包服务细则换货、12个月内可据三包服务细则保修。小米手机用户可在线提交退换货申请，也可通过联系小米客服中心办理退换货。该站点将承担两个功能：自提和维修。

对于一个产品而言，开设一个以售后服务为主的这么一个售后服务点，是对顾客的尊重，也是一种负责任的体现，这大大提高了顾客对产品的认可度。

其实，售后服务，就是在商品出售以后所提供的各种服务。从推销工作来看，售后服务本身同时也是一种促销手段。在跟进阶段，推销人员要采取各种形式的配合步骤，通过售后服务来提高企业的信誉，扩大产品的市场占有率，提高推销工作的效率及效益。

在市场激烈竞争的今天，随着消费者维权意识的提高和消费观念的变化，消费者在选购产品时，不仅注意到产品本身，在同类产品的质量和性能相似的情况下，更加重视产品的售后服务。因此，企业在提供价廉物美的产品的同时，向消费者提供完善的售后服务，已成为现代企业市场竞争的新举措。在中国，就有海信集团因售后服务做得好，而销售稳步上升的案例。

从这点看，小米的确是一家敢于突破常规、敢于创新的企业，值得商家们学习。

线下活动，是线上口碑的助手

小米产品主要是线上营销，但是并不代表小米不在线下做活动，因为直接面对面的活动能迅速激发粉丝们的热情，从而引发线上的关注度大幅提升。

做线下活动多见于互联网的游戏产业。游戏理所当然在线上做营销为主，因为玩家是也在线上的，不在线上的玩家也没有机会消费游戏，所以游戏商家们一般会费尽周折地在网上宣传自己的游戏，并给予各种免费线上活动来刺激网民的消费。但是，仅仅这样还不够，游戏商家们还会选择在线下做活动，这样的目的是为了刺激粉丝们更真实地去追随他们所喜爱的产品。

游戏《魔兽世界》是网易引入国内较为庞大的网游，它的成功就是吸引大批玩家参与。为什么这么多玩家参与？因为《魔兽世界》的运营不仅仅在线上做宣传，他们也在线下做大量的活动。我们知道的一个线下活动就很有说服力。

2010年8月28日消息称网易于8月28日和29日两天在上海举办“诺森德登临申城万达广场与您相聚”的线下活动。当时在上海万达广场将举行丰富多彩的《魔兽世界》玩家互动活动，如魔兽COSPLAY、魔兽舞蹈真人秀等。玩家只要使用过的网易《魔兽世界》点卡，就能够换取神秘礼物。

在这个活动当中，网易还组织线下、线上相互宣传，在线下，主办方抓拍活动的火爆现场，在线上开始大量曝光现场照片。

而现场人群形象生动地讲述了游戏场面的火爆程度，网友玩家会毫不犹豫地选择加入这场活动中，但是等他们看到这则新闻的时候，活动已经结束了，所以他们只能通过线上参加线下的活动，即购买游戏点卡网上参与。

这一呼一应的营销手段，往往能大批俘获顾客，让更多人加入线上的活动当中去。所以，网易的《魔兽世界》一直很受网友们追捧，这种效应是做出来的，线下、线上相互交融、搭配，最终得出的这种效果。

小米的营销策略也是如此，也注重线下的活动。我们知道的很多线下活动就很棒，比如小米会举办一些运动比赛活动，活动的名字通常叫作“小米运动赛”，先吸引大批小米的粉丝参加比赛，在比赛的过程中，小米的粉丝再带动其他人，这就产生质的变化。

比如，2012年5月12日14时，北京中关村在线手机事业部与中国电信、小米手机合作在中国技术交易大厦1层贝塔咖啡厅举办了一场别开生面的电信版小米线下体验活动，得到了在场网友的鼎力支持，活动进行得非常顺利。此次活动分组就位，有网友与模特齐上阵走秀、现场互动讲解、游戏抽奖等五大环节。时间持续了两个多小时，16时整场活动圆满结束。最后，小米的粉丝一同留影，现场的气氛非常融洽。同样，小米公司会在活动过后把照片贴在网上，以新闻的形式呈现，很多小米的粉丝自发讨论，从而增进了粉丝的感情。

第二天，很多小米的粉丝开始打电话到小米服务部，询问下次活动的时间和地点。而小米公司则说，下次活动只针对已经购买的顾客开放，于是小米的粉丝们按捺不住了，纷纷购买小米手机，1000多部小米手机顿时被一抢而空。你看，一个小小的活动就能带动1000多部手机的销售量，小米会放弃这样的活动机会吗?

现在很多企业看不起线下活动，认为线下活动小打小闹、不成气候。其实这些企业完全错了，一个活动并不在于现场的销售量，而是在于活动过后的效应，一个好的活动能带动无限量的销售潜质，这点商家们应该清楚地意识到。

小米第2招

饥饿营销——越买不到，越想要

雷军创办小米公司，最初是希望凡客以及凡客旗下的快递体系帮助小米来加以传播和电商销售的，但到了2011年8月，小米发布前一夜，凡客却无力相助，从而迫使小米公司不得不自己做饥饿营销，构建自己的电商平台。当然，这只是传闻，雷军本人一再否认公司做饥饿营销，但是从小米所表现出来的形式来看，它恰到好处地符合了饥饿营销的模式。

在市场营销学中，所谓“饥饿营销”，是指商品提供者有意调低产量，以期达到调控供求关系、制造供不应求假象、维持商品较高售价和利润率的目的。

品牌定位促“饥饿”

在今天的互联网竞争里面，我觉得最重要的还是用户满意度。那些优秀的企业，它们都同样在乎能不能让用户满意。所以我觉得我们应该把焦点放在用户上，可能有些恶性竞争爆发使大家把焦点放在对手上，而不是用户满意度上。我自己是把所有精力都放在怎么改善产品和服务，让用户满意。

——雷军

高端品质，针对小众，促成大众的购买“饥饿”

在拥有上千个品牌、高手强手如林的手机市场，在摩托罗拉、诺基亚等世界手机巨无霸都败落先后被人收购的年代，小米的仗怎么能够打得如此漂亮?

未来小米会怎么出牌，只有小米自己知道，但过去到今天用了什么兵法，我们可以来看看:

都说市场如战场，一点没错。因此，要看清楚战场，知道战场各方势力占位情况、资源长短、变化趋势，然后搞清机会、威胁及自身的优劣势，这样才能找到自己的战略性定位，也就是自己的目标地盘。然后围绕这个定位在后方作相应的运营配称，在前方规划营销模式，并在与各方势力的互动博弈中，通过一次次的战役占领和扩大地盘。

有研究表明，一个企业的品质定位应该保持一定的连续性和稳定性，并且要引起关注，这个聚焦点一定要符合企业自身战略，这样才能保证一个品牌的竞争优势。

从小米手机诞生之日起，它就注定了要成为中国手机市场上那个“不一样”的因子。2011年7月12日小米创立团队亮相，同时宣布进军手机市场，而仅仅一个月之后，小米1就公开发布，在其后的几个月里，小米左右逢源，迅速成为中国乃至全球手机市场上最闪亮的明星。产品稳定上市、渠道策略明确以及不断增长的用户似乎意味着小米手机已经实现了三级跳，现在正在向着更高更远的目标奋进。而这一切，都离不开小米最初的定位，小米最初的定位是：高端产品，针对小众。这两句话隐藏着营销的秘诀。

我们先来看看小米产品是如何体现高端的吧。

小米手机以高性价比的明确定位成为市场上硬件配置最具竞争力的“品牌手机”，1.5GHz双核处理器着实让人印象深刻，而其背后的供应商团队也为其产品品质提供了保障。资料显示，夏普、三星、LG等厂商是小米100多家供应商中的主体部分，他们为小米手机成长壮大提供了必备条件。

在价格上，小米科技创始人雷军表示，此前在为小米定价时，他曾想疯一把，把手机的价格定在1 499元甚至最好是999元。可是最后仔细核算了成本之后，他还是无奈地将价格定在了1 999元，但即便如此，这已经是市场上性价比较高的智能机了。

在销售渠道上，小米最初坚持选用电子渠道作为其唯一的销售渠道，而当前随着中国联通、中国电信定制机的相继问世，小米也真正实现了流通渠道的多元化。但不可否认的是，原先单纯依靠网络销售的模式的确为小米省下了不菲的渠道营销费用，而这种饥饿营销的模式又放大了其渠道的相对优势。从小米手机2011年9月5日开始首批预订到2012年1月11日第三轮开放购买，小米手机的线上销量堪称“业界奇迹”：首轮开放购买3小时售出10万部，第二轮开放购买3.5小时售出10万部，第三轮开放购买9小时售出30万部。直到2014年，小米依然以极高的增长率证明其网络营销的魅力。

从这些数据我们可以看出，小米的高端品质定位，以及针对小众来营销的市场效应。对于针对小众，小米一直都没放弃对粉丝的追求，也就是小米所说的发烧友。

小米的线上销量刺激着所有“米粉”、媒体、传统手机制造商和运营商的神经，与手机产品销量快速增长相伴随的是，“米粉”数量的快速激增。小米公司负责电商业务线的副总裁黎万强透露，目前小米手机论坛的注册用户已经突破200万，日独立访客超过55万，日PV（即页面浏览量）超过660万，发帖总数超过3 400万。2014年7月份，小米科技再次宣布小米4的发布，智能时代颠覆了此前手机行业依靠成本低赢得用户的发展逻辑，真正能够根据消费者需求研制的产品才能被市场认可。小米手机的成功说明了这一点，而作为一个想要参加长跑的运动员来说，小米的竞赛或许才开始。

由于粉丝的带动，其他普通顾客也跟着“时尚”走，因为时尚永远都是掌握在少数人手里的，所以小米的发烧友成了手机的时尚代表。于是普通顾客开始疯狂追逐，形成饥饿式营销。

饥饿营销就是通过调节供求两端的量来影响终端的售价，达到加价的目的。表面上，饥饿营销的操作很简单，定个叫好叫座的惊喜价，把潜在消费者吸引过来，然后限制供货量，造成供不应求的热销假象，从而提高售价，赚取更高的利润。深究会发现，饥饿营销运行始终贯穿着“品牌”这个要素。因为其运作必须依靠产品强大的品牌号召力，也正由于这个，饥饿营销是一把双刃剑。“剑”用好了，可以使得原来就强大的品牌产生更大的附加值；用不好将会对自己造成伤害，从而降低其附加值。因此，必须明白，饥饿营销的最终作用不仅仅是为了调高价格，更是为了增加品牌高额的附加价值，从而为品牌树立起高价值的形象。

随着小米手机的持续走热，一些手机硬件厂商纷纷表示希望小米能在硬件平台上实现开放，让更多的硬件厂商参与进来，对此，雷军表示：“小米科技目前并没有这方面的计划，如果在硬件方面开放平台，可能会导致配件的良莠不齐，从而失去小米高端品质的原则。”

强势的品牌、高性价比的产品加出色的营销手段是饥饿营销的基础，雅阁、佳美在中国已经有多年的沉淀，特别在华南地区，相信大家也领略过凯美瑞和卡罗拉上市的宣传手段，这都是为加强其品牌号召力打基础的。有了这些，加价限量只会卖得更好。产品一旦处于供不应求、加价销售的市场状态，其品牌无形中会得到了大范围的宣传，其价值和号召力都会成倍地放大，为今后的持续热销打下基础，并建立忠诚度更高的客户群体。

所以饥饿营销不能简单地理解为“定低价—限供量—加价卖”的模式，正如上述所说的，强势的品牌、高性价比的产品、出色的营销才是关键，才是基础。不了解对手，不认清自己，简单地去操作，无疑是非常危险的。

根据具体市场人群定位品牌

竞争成熟的市场更考验品牌的生命力。小米出生在竞争成熟的手机市场，有如日中天的苹果，有陷入泥沼挣扎的诺基亚，也有后起之秀的HTC，还有一大群不断在蚕食与趁机加入中国庞大手机市场竞争的中外品牌，真可谓是弱肉强食的时代，但是，小米这家成立仅两年时间的中小企业，到现在市场的估值已经达到40亿美元，并再次融资2.16亿美元，是什么魔力让这家企业得以奇迹般地成长起来呢?

企业对产品的精准目标人群定位是极为重要的。

假如丘比特的神箭没有射到我们的心，那么爱就永远无法降临。精准目标人群定位便是要求我们中小企业在市场运作上，敢于放弃一些消费者，牺牲掉一些无关紧要的销量，针对自己的目标人群进行定位，从而赢得竞争优势。这样，才能像神箭一样真正射到用户的心。

小米手机精准目标人群是“发烧友”，于是量身定制做一款高性能发烧友爱好者的手机。在我们看来，似乎是小众的用户，毕竟中国发烧友的目标人群还是小量的。如果利用现今大多数中小企业运作的常规思维来考虑，小米定位过于狭窄了。事实上，当众多手机品牌卖力吆喝的时候，小米手机已经实现了上百万销量，这足见精准目标人群定位的力量。所以我们不能忽视小米的定位作用。

我们首先要搞清楚一个问题——为什么要定位? 因为现在市场面临的竞争太激烈了，必须通过定位来实现避虚就实，否则后来者，或者弱小者就得不到生存的机会。当我们中小企业向往着像大企业一样通吃时，就会发现自己的胃口并没有那么大，即使是大企业，持续不停地扩大自己的目标人群，也一样会受到市场的惩罚。

曾经的手机老大诺基亚就是如此，让目标人群定位不精准，结果越来越趋向大众化，陷入四面受敌的危局当中。许多人认为诺基亚的失败在于苹果智能手机的创新上，这只是其中一方面，否则，那么多通过创新的中小企业就足以成长起来了。

恰恰相反，诺基亚输的关键在于战略定位上，未重视市场竞争激烈，特别是智能手机发展的趋势，定位精准目标人群。当一个品牌的产品出现几百元与几千元的款式，相互之间差价高达几千元时，目标人群就会出现消费选择的转移。当目标人群开始转向其他品牌产品时，这个品牌就会陷入困境。

于是，雷军凭借其自身的号召力，自称是乔布斯的超级粉丝，一场效仿苹果的小米手机发布会2011年于8月16日在中国北京召开。如此发布国产手机的企业，小米是第一个。不可否认，小米手机这招博得了众媒体与手机发烧友的关注。

小米的用户群体定位在喜欢玩智能手机的用户，这些人基本上不超过40岁，用户群体定位为80后、90后。

市场渠道定位主要是网购市场。80后、90后一个共同的特性：喜欢新事物，尤其是对智能手机的追求非常强烈。而60后、70后追求智能手机最多也就是一个身份的象征。80后、90后则不同，他们需要的是便宜、实用。对于手机而言，如果定位为发烧友，年轻人势必紧紧跟随，因为他们有追逐潮流的激情。另外也不要忽视了一点，即便是针对发烧友（小米虽然对外宣称定位发烧友的手机，其实它的目的还是广大消费者，其原因在于小米想通过发烧友的定位宣传，让发烧友带动更多消费者前来追逐、参与），小米也不能定位高端，因为这样价格也跟着高端，而是要便宜、实用，所以小米就要减少成本。

众所周知，在传统的生产销售过程中最大成本就是销售渠道费用。出厂价100元，通过各种渠道，到用户手里面就得500元以上，不然就有的流程不挣钱。那么想大幅度地解决成本，减少销售渠道是最好的办法。小米选择的是网购。这无疑让用户买到的产品的价格要便宜不止一倍。

用户、市场确定了，根据用户和市场的特点，以及智能手机经常出问题的特点，这种手机的品牌定位最好是：配置高、价格低。用诺基亚5230的钱，体验iPhone5的快感，小米提出了“为发烧而生”的产品理念，把发烧友的用户群体又缩小了一部分。但是无疑用户定位更精准。

工程机先发是属第一例。小米手机的正式版尚未发布，确先预售了工程纪念版。而且小米手机工程机采用秒杀的形式出售，2011年8月29～31日3天，每天200部共限量600部，比正式版手机优惠300元。此消息一出，在网上搜索如何购买小米手机的新闻瞬间传遍网络。而且，并不是每个人都有资格秒杀工程机，需8月16日之前在小米论坛达到100积分以上的才有资格参与秒杀活动，这项规则无不把那些想看究竟的“门外汉”挤在了外面，销售给之前就已经关注小米手机的发烧友们，客户精准率非常高，而且让人有种“不惜重金只求一机”的心情。

小米手机这一规则，让更多的人对小米手机充满了好奇，越来越多的人也对小米产生好感，进而对小米品牌有了信赖。

永远不让顾客满足的限量销售模式

> 我实在不想再办个百度或者阿里。我只想办一个“小饭馆”，门口有人排队，然后有人给我打电话说：“老雷，给我留个座位。”这是我最大的幸福。
>
> ——雷军

限量销售，吊足顾客的胃口

很多影视作品会通过钓鱼的场面来刻画一个人是否有沉稳的性子，如果画面出现一个人一边钓鱼一边急躁着看着鱼竿，那么这个人在生意场上势必没有那种沉稳应对的能力；反之，如果能像姜太公一般悠然钓鱼，那这个人肯定深藏不露。当然了，有了沉稳的气质还不够，还要有“钓鱼”的“诱饵”，才能吊足“鱼儿”的“胃口”，“鱼儿”才能“上钩”。所以，企业家在卖产品的时候要懂得用好产品吊顾客的胃口。

我国彩电从20世纪80年代开始，是市场上的紧俏商品，价格昂贵、利润丰厚。因此，我国彩电生产线迅速增加，达100多条。1990年，我国彩电库存达200万台。1996年开始，市场上的彩电行业每年都进行价格大战。进入2000年，价格更是“跳水”价。2000年6月，几大彩电巨头聚会深圳，坚定限价联盟，但彩电价格仍不断下跌，21英寸彩电更是跌破千元大关。最后部分彩电厂家有的被兼并，甚至破产。

这说明什么？说明扩大生产，无限满足顾客需求并不能使企业越来越旺盛，也许旺盛是暂时的，等顾客觉得满大街都是你的产品，失去了新鲜感的时候，他便不会购买你的产品了，因为你一点“诱饵”都没有，他又怎能上你的“钩”呢？其实，做买卖，买家与卖家彼此都存在这么一条定律——愿者上钩。所以，不断满足顾客的需求，并不是扩大企业的好办法。更好的办法是，满足顾客的需求的同时，不断给顾客新的惊喜和诱惑，这才能使一家企业立于不败之地。

小米在保持顾客的新鲜感的工作上做得很好，不管是有意为之还是无意，小米的限量销售刚好符合吊顾客胃口的营销法则。如此这样，小米永远都在给顾客新鲜感。

小米吊顾客的胃口这招其实很简单，即是启动限量销售模式，这点根据小米负责人的解析，这是产量跟不上才采取这样的做法。不管是有意还是无意的，它都符合了吊顾客胃口的营销法则。在这里，我们不讨论小米是有意为之还是无意的，我们只讨论这样的营销是否对企业有良性作用。

我们来看看小米采取网络预定的效果。2011年9月5日小米手机正式开放网络对外预订，首次预订销售，24小时预订出30万部；12月18日，第二次预订销售，3个小时卖出10万部……小米手机自推出到2012年不到一年的时间突破销量300万部，堪称业界神话。而在2014年，雷军在微博上公布了小米2014年上半年的业绩情况：在短短的6个月中，小米共售出2 611万部手机，同比增长了271%。同时，小米上半年的销量额含税达到330亿元，同比增长149%。而同样的销售方式，采取网络预定的方式，瞬间吸引了大批的“米粉”前来预定。小米还是一如既往地想做那个“排队吃饭的小饭馆”。这就是雷军的绝招。

从新品发布以来，小米在销售方面表现出了自己的特点，使其短时间内在市场上获得较大影响力，具体表现为：高调炒作与饥饿营销。发布会高调开展、自己制造炒作话题为小米手机赚足眼球和注意力；采取网络限量订购方式，这样的饥饿营销吊足了消费者的胃口。其实，这有点像电影宣传，透过票房数据征服还没走进电影院的观众，以票房数据来吊足顾客的胃口。

小米最大的一招吊胃口是做预售。网上预售是十足的吊胃口招数，它用各种噱头，让顾客欲购不能，只好排队购买，形成预购的火爆氛围。

让我们站在顾客的角度去举个例子：

2014年11月初，一名同事小张想买一部小米4，价格为1 999元，价格实

惠，功能强大，这是小张看好的，但是我们知道，还有其他手机也不错，但是小张脑海里只想着小米4，为什么？因为小米在预售，小张看到小米的预售广告后，便开始疯狂地点击页面，仿佛慢了一步就无缘小米4一般。小张为了能抢到这款手机，可谓是煞费苦心，找了6个同事在当天的11：30守在电脑前抢小米4手机，12：00一到，小张和同事的7台电脑不停地刷新、不停地抢，最后10分钟过去了，小米公司当天发售的手机售罄，小张非常失望。之后小张又组织人员抢了几次，但是结果均以失败告终。对于这种心理，我们很理解，小张“上了小米的当”。

与同事小张的经历相似的还有同事小田，她想在小米的官网上抢购一个小米盒子，于是她使尽了浑身解数，抢了一个多月，也没有抢到一次。之后，小张又开始不断地进行抢购，终于抢购成功了。尝试到成功的滋味后，小张陆续抢购其他类型的小米产品。

思考下，如果一下就让小张买到小米手机，他还会第二次有欲望购买小米的产品吗？答案是否定的。小米正是抓住了顾客的购机心切心理。一次次的排队购买失败，顾客越是得不到越想得到，于是不断地尝试排队购买。顾客形成了“罗密欧与朱丽叶心理效应”（一个关于越是不成功或者越遭到他人反对的事情，越想去尝试的心理），于是不断地支持小米。

小米这个品牌，从诞生之日起就没有满足过市场供应，也有不少媒体对小米的这种营销方式进行炮轰，但在这种炮轰之下，雷军并不承认自己有过饥饿营销，或者不是故意实行这种营销模式的，而是顺势而为，产量多少就卖多少。

当然，不管是否有意为之，小米饥饿营销的实质是它真的“饥饿”。它所有的套路也不过是首先发动群众，让群众诱惑群众，让每一个群众都有参与感，口碑营销、社交传播统统都用上。让人们觉得小米很值，还有点酷，而且完全通过互联网预订、网上直销、排队等渠道进行口碑营销。

全公司、全行业、全体网民参与营销……雷军微博的发起、小米粉丝的活跃、小米公司员工的全体参与引发了移动互联网行业讨论小米，继而核心媒体也开始宣传……真正发挥出营销的核心竞争力。

小米手机在整个营销过程中并未采用传统的电视或网页广告的形式，而是利用论坛和微博作为阵地。论坛是小米手机的重要信息发布地，只要是小米顾客必须拥有一个小米账号，系统升级、手机维护及有关手机各种各样的问题都需登陆小米论坛。如此一来，手机的购买者就和小米网站、小米论坛的使用者紧密捆绑起来，成为一个源源不断的资源。手机销售越多，小米推广程度越大，网站与论坛的发展也就越大，捆绑的消费者和潜在群体也就越来越多，被诱惑的顾客也会越来越多，这样一来，总有一天顾客被小米成功诱惑，再次购买，这就是小米限量销售的可贵之处。

雷军通过让顾客保持“饥饿”，为小米这个品牌增加吸引力。而小米接下来推出的其他产品，比如盒子、电视、路由器等都可以大赚一笔。因为“米粉”们已经无条件相信，小米推出的产品都是性价比最好的。

2011年9月5日小米手机正式开放网络预订，从5日13：00到6日晚上23：40两天内预订超30万台，小米网站便立刻宣布停止预定并关闭了购买通道。1 999元的价格和这样的配置确实是很高的性价比，这只是为了吸引人的眼球而已。随后，先是开放工程机测试，拖了一段时间，然后又是网上预订，又拖了一段时间，等到12月18日正式发售的时候已经延迟了4个月左右。然而等到大多数人在18日购买的时候，小米官网居然又放出3小时内购买完的消息。这实在让人不解，为什么很多人等了4个月还是买不到小米手机？是饥饿营销还是产量不足？这点我们无须争论，需要关注的是，小米的这种销售方式最终成功了。

一次次地吊足了顾客的胃口，一次次地诱使顾客产生购买的欲望，这才是企业家和营销工作者们需要学习的。

小米要做顾客排队的“小饭馆”

2012年1月4日，小米手机第二轮开放购买，半小时10万部售罄；1月11日，小米手机第三轮开放预订，2小时50万部预订完毕；2月16日，小米手机电信版开放预订摇号，两天内有92万人参与；2月28日，小米手机第四轮开放预订，3分钟15万台电信版小米手机预订完毕；3月17日，小米手机第五轮10万台开放购买，3分钟售罄……这无疑说明小米的饥饿网络营销是成功的。这是2012年定下的销售模式，即便2014年，小米依然坚持这样的原则，不断售罄，不断要排队。这是为什么？

原因只有一个，那就是雷军曾经说过的一句话："我们要做顾客排队的'小饭馆'。"这句话蕴含着极为高明的商业决策。做顾客排队的"小饭馆"，在网络营销里，只有饥饿营销才能做到。这种营销制度，最终的目的是要顾客排队，想办法让顾客排队，才能实现最大的销售量。所以，当企业选择网络饥饿营销的话，就要想着如何去实现顾客排队了，而不是努力实现尽快把产品送到顾客手里。这听起来跟企业盈利目的好像很矛盾，但事实上一点也不矛盾，而且这两者相辅相成。

通俗来讲，就是通过营造供不应求的假象来吸引更多消费者的关注和参与，从而达到销售获利的目的。

其实，雷军最初并非想到用饥饿营销这招。起初，小米是希望凡客以及凡客旗下的快递体系帮助小米传播和电商销售的。但到了2011年8月，小米发布前一夜，由于种种原因，凡客却无力相助，在无奈的情况下，小米公司被迫做了饥饿营销这个方案。

当然，那次饥饿营销显然是成功的，不仅引起了全民的关注度，还成功引起了顾客消费的欲望。而小米并非好得让顾客非买不可，正如雷军所说的，要做顾客排队的"小饭馆"，就必须用这一招。如果你违背了这一原则，不仅没有吸引人注意，而且还没有人愿意去购买你的产品。举个例子，你是不是觉得现在这个"小饭馆"人排队，为了能卖给顾客更多的产品，开始考虑扩建"饭馆"？如果是这么想的话，你就在这场营销策略中失败了。如果扩大产品售量，每位顾客能在第一时间购买到产品，顾客势必觉得这种产品并非大众竞相抢购的产品，而顾客终端的购买欲望也就自然消失了。所以雷军说，要做"排队小饭馆"，是有道理的。要知道，为了配合饥饿营销，小米会认为，即便产品足够多，也不要全部一下子放出去满足顾客的需求。因为一旦顾客满足了，就没有抢购的欲望，而饥饿营销的目的就无法达成了。

有些企业不能充分认识饥饿营销的特性就仓促上阵，很可能会触碰饥饿营销的风险地带，若是"饥饿"的把握太过，难免会还有一部分客户转投其他同类型的手机产品中去，而造成顾客的流失。同时对自己的品牌也是一大伤害，真是得不偿失。作为消费者，也要客观理性地购物，莫要轻信道听途说的消息。

联想也以不同的方式进行了网络营销，但是始终没法让其产品进入购买热潮的程度，最后还是转为更为实际的店铺销售——联想在全球成立了自己的销售点。为什么联想没法在网络上引发轰动，而是在地面引起轰动呢？原因很简单，那就是联想的供货体系太过完善，就没有过断货的时候，于是顾客失去了抢购的欲望，甚至觉得联想不是高端产品，只要有钱就能买到的一般电子产品。之后联想集团意识到这个危害，转而大规模成立旗舰店销售网点，广泛展开顾客体验，最后才在用户中挽回些品牌的声誉。

由此可见，商家在饥饿营销这一方法的使用要合理有度，多了解市场信息，充分分析把握消费者的心理，让自己的利益最大化。而雷军所说的，做顾客排队的“小饭馆”，更是恰到好处地点明了做饥饿式网络营销的关键所在。

当然，为了做到这一点，在生产上要高度配合，不能过度生产，否则，将会产生一大笔资金投入，因为饥饿营销的特点，也不能一下把全部产品投入市场，所以过度生产的产品将有滞留现象。在这点上，小米做得很好，小米只负责产品的研发和营销，对于生产，他们只委托生产商进行生产，而且每次生产的量都跟着营销计划走，网络抢购的热潮到达一定程度时，才对产品进行生产，这样做到好处是：有效控制产能过剩。

另外，小米在开展饥饿营销的过程中，还发明了一项其他营销团队没有使用过的绝招，那就是预购。顾客可以在网上进行预订，支付一定的预订费用，这样小米就可以在没有销售产品之前，就得到一笔资金作为下一步的营销费用，很好地避免了资金断裂的可能性。

小米从根本上打破了一般人的营销思维模式，一般认为，卖东西就是要急于把东西卖出去才是最好的销售手段。其实，有时候把东西藏起来慢慢卖，反而比你着急把东西卖出去的效果要好，这就是饥饿营销手段的奥秘所在。因为饥饿营销能连绵不绝地吸引顾客来买，虽然每天卖出去的量少，但是比起大卖一个星期后就没人来买你的东西强。这也是饥饿营销的魅力所在。

借测试机做营销文章

> 小米的定位非常清晰，我们主要定位在发烧友。第一，我们最关注的内容是高性能，我们对性能是非常在意的；第二，我们在乎高性价比。这是小米很清晰的定位，我们服务两个人群，超级发烧友和泛发烧友，这是我们核心追求的目标。
>
> ——雷军

测试机为市场做探路先锋

什么叫测试机器？测试机器是指在新的产品研发的过程中，对产品进行各项性能的测试，比如手机测试就是一个很大的工程，涉及硬件、软件和结构测试，比如抗压、抗摔、抗低温高温性能等。结构上的设计不合理，会造成压力集中在一处，使得机身外壳变形；再比如，翻盖手机，盖子会失效，也会连带产生其他严重问题。硬件测试一般都有严格的物理指标，也有专门的仪器。

这样做的目的在于保证产品在投入市场之后，让用户能放心安全地使用，并与预期的效果吻合。但是，小米在测试机的用途上，并不仅仅作为产品性能上的测试，小米还把测试延伸到市场，用测试机中的工程机来做市场上的测试。小米在工程机上做过大量的营销手段。这样的目的一举两得，检测了机子性能的同时检验了市场的反应程度。

我们以小米2的工程机的运作情况来举例说明下。小米2工程机是什么东西？小米2工程机和普通的小米2手机有什么区别？

小米2工程机其实就是小米2正品手机的测试版。对于任何大型的硬件厂商来说，不论是做手机还是做汽车还是做其他产品，一般都要出一个测试版，测试完设计没有问题之后，正式的产品才会面市。而小米2工程机是什么呢？就是指小米2给“米粉”和各大媒体“尝鲜”的一个机器，一方面用来测试手机本身的质量和性能，另一方面也能起到一个宣传的作用。这就是小米在营销方面严谨的一面，测试机不能卖，但却有工程机替代，不过它是为了测试市场并带动市场活力。

在业界，工程机就是测试机，是不允许销售的，小米破例销售工程机，效果等同于网络游戏免费公测一样。这种模式与权威媒体测评不一样，因为每个人的使用习惯不一样，关注的功能就不一样，这样的测试除了可以更快速更广泛地知道产品优劣性，而且还能获得更多更全面的评价和信息。丰富了网络上对小米手机的各种声音，从而让大家更深入地了解这款产品。

是的，小米的测试机成功完成了它的任务，作为进军市场的先锋队，迅速摸清市场需求，并将信息快速回馈公司，以方便及时做出调整，从而使得小米在接下来的营销中成功实现了饥饿营销。

测试机是第一轮饥饿营销

现在很多行业的产品都加入了免费试用这个行列，比如游戏产品的免费测试就是一个很好的案例：

IT业经历“寒冬”后，游戏软件业呈现出了勃勃生机的气象。网络游戏仅在中国游戏市场出现不过两三年，正式投入商业运营的游戏数目已超过100款，但众所周知，这些都是国外的（主要是韩国的游戏）统治着国内大部分的市场，国内游戏软件想要突围而出，主要从两个方面：一是有趣性，由于中国上下五千年的传统文化博大精深，是我们得天独厚的优势；二是游戏的质量。游戏测试作为游戏开发中质量保证的最重要的环节，在游戏的开发过程中发挥越来越重要的作用。

游戏测试有着共同的特性，这些共性使得游戏商家越来越看重游戏测试，以下是测试的要点：

1. 测试的目的是发现软件中存在的缺陷。

2. 测试都是需要测试人员按照产品行为描述来实施。产品行为描述可以是书面的规格说明书、需求文档、产品文件，或是用户手册、源代码，或是工作的可执行程序。

3. 每一种测试都需要产品运行于真实的或是模拟环境之下。

4. 每一种测试都要求以系统方法展示产品功能，以证明测试结果是否有效，以及发现其中出错的原因，从而让工程师进行改进。

总而言之，测试就是发现问题并进行改进，从而提升产品的质量。游戏测试也具备了以上所有特性，不过由于游戏的特殊性，所以游戏测试则主要分为两部分组成，一是传统的软件测试，二游戏本身的测试。由于游戏特别是网络游戏，它相当于网上的虚拟世界，是人类社会的另一种方式的体现，所以也包含了人类社会的一部分特性，同时它又是游戏，所以还涉及娱乐性、可玩性等独有特性，所以测试面相当的广泛。

对小米产品而言，它们虽然是实体产品，但是在营销上也跟游戏营销一样，注重测试这一环节，所以小米公司充分利用了测试机这一环节，成功抓住了饥饿营销这棵摇钱树。

小米是这样测试市场的：它让用户试用后写一篇用后感。小米的第一批使用测试机的顾客，都以真实的效果展现了自己的使用之后的感言，甚至小米允许其发布在网上，这一事件让许多互联网公司对小米的产品产生探究感。

当然，小米也有小米测试机预订这一环节。预订是一个宣传，这场活动大大激活了饥饿营销。

我们来看一个顾客在参加小米官网测试机第一轮预订的日记：

9月5日，小米官网在下午1:00开始第一轮预订购，当天我在客户那里回到公司已经是下午4:30了，我打开电脑开始加入了预订购行列，高兴的是我预订购成功了，悲催的是我排在第13万多名的位置上，可想而知小米的吸引力非同小可。半天时间13万人预订购是什么概念，按照每部手机1 999元的价格，不到半个小时就有2亿多的销售额，先不论是否真实，这个数字就足以hold住不少的观众。

这位小米的顾客说的没有错，数字是一种很容易吸引人的东西，在预购网上已购买人数等同于产品的火热程度、等同于客户的认可度。在小米网站上的预订购人数，可以让预订购者更珍惜这个机会，并且能激发更多潜在的购买者。所以在产品展示页面上和广告上写上销售量或者评论数，都能引起消费者对该产品的关注，从而唤起购买欲望。

2011年8月29日，小米工程测试机开始接受预订，所有在小米旗下论坛注册并积分达到100分的用户（含小米手机、米聊、MIUI三个地方），可获得以1 699元一部抢购共600部小米纪念版工程测试机的机会。9月10日前接受预定，10月份正式上市。

雷军在谈及为何做小米手机时说："过去我办过公司、投资过公司，人生已经很圆满，四十几岁觉得还可以做点事，就目前发展趋势看，未来中国是移动互联网的世界，智能手机和应用会承载用户大部分需求。虽然过去的很多年，花了很多钱买手机，从谷歌生产的各系列手机到诺基亚、摩托、三星，再到现在的iPhone，但在使用过程中都有诸如信号不好、大半天断线等不满意的地方。作为一个资深的手机狂，深知只有软硬件的高度结合才能出好的效果，才有能力提升移动互联网的用户体验。因为有这个理想，又有一帮有激情有梦想的创业伙伴，才促成了做小米手机的原动力。"

雷军这段话，透露出了一种对技术精益求精的精神，表明自己也是手机狂人，于是在发行测试版的时候，就成功吸引了一大批跟他一样对手机着迷的"米粉"。

小米通过测试机探索出了小米手机市场的需求的同时，也成功拉拢了一批发烧友，为小米网络营销开了个大门红，而小米测试机的发烧友也成了小米市场的先锋队顾客。这批顾客至关重要，他们的忠诚度，决定了此后饥饿营销能否成功的关键。因为发烧友只有忠诚，他们才能影响身边人，而小米的发烧友足够忠诚，所以他们手里的测试机成了市场的一个时尚标志。而后时尚开始蔓延其他顾客，从而市场迅速形成了购买热潮，最后演变成饥饿式购买。

隐秘式信息的作用

欢迎周老板学小米模式，建议周老板下功夫学两点：（1）敢于挑战国际大牌，而不是把枪口对准国内同行；（2）学习对用户的一份心意，拿出诚意回馈一下360用户和3721受害者吧。

——雷军

制造隐秘式信息，引导顾客关注

2012年6月26日，小米公司董事长兼CEO雷军表示，小米已经完成新一轮2.16亿美元融资，公司整体估值达到40亿美元。针对小米融资、手机成本以及盈利等问题，奇虎360董事长周鸿祎又再与雷军展开“口水战”。

我们可以透过这个事件来理解小米的一些营销奥秘。大家都知道，网友喜欢围观，所以小米很擅于在网上制造神秘感，让大家去猜测他到底还有什么猫腻，被关注后，小米又一次做出解析，打消顾客的顾虑，从而获得关注。我们来看看雷军与周鸿祎的一场骂战，这场骂战很明显地透露了小米对隐秘信息的处理方式，以及利用这种方式引导顾客的关注。

周鸿祎曾通过微博表示，现在一部小米手机可赚700～800元，按照2012年卖出300万～500万部计算，总利润可达25亿元。这也是小米能获得估值40亿美元的原因。

随后，雷军在微博中指出，周鸿祎是为了商业目的指责小米暴利，并对小米手机的利润做出解释，微博原文是这样的：“周总为了商业目的指责小米暴利，造谣小米每部赚了800元甚至1 000元。关于小米成本，我们签署了供应商的保密协议，没有办法回答成本的细节。但大家可以看看手机成本的构成，就了解了。比如，仅17%的增值税就是290元(进口无抵扣)，加海关税、附加税、印花税和高通专利费等，合计就已经400元了。”

对此，周鸿祎也在微博上迅速做出回应，他说：“雷总看着杂粮变相降价都卖不掉了，下决心要死扛到底证明杂粮其实没利润，憋了一周终于设计出个说法来玩弄‘米粉’和公众的智商。这笔糊涂账貌似复杂，引用很多唬人数字，让一般人根本看不懂，其实还是回避根本问题，大家先记下雷总原文，我找财务税务专家和手机制造专家来给雷总算算账。”

之后，雷军称创业公司成本高，销售30万部后赚钱，雷军表示小米手机用的是三星1G RAM和4G ROM模组。他说：“周总造谣说小米采购成本为10美元，但小米是创业公司，目前采购成本远远超过了周总说的价钱。我们想请周总帮忙，用10美元买三星正品1G手机内存，另外每片可以再付给周总至少10美元辛苦费。周总，可以吗？如果买不到，也请周总坦诚告诉大家一声。说错了也没有关系，承认了就好。”

雷军还进一步表示，小米首发了中国第一款双核1.5G手机，一开始定价就是按销售30万部来计算成本。刚开始小米赔了不少钱，当销售过了30万部后，就开始打平赚钱，到了2012年Q2有了正常的商业利润。当持平保本的时候，小米第一时间想到的是感谢“米粉”，开始举办各种回馈活动。

这场论战还没结束。之后周鸿祎指雷军偷换概念隐瞒利润，雷军劝其挑战国际大牌。2012年6月26日，小米宣布已经完成新一轮2.16亿美元融资，公司整体估值达到40亿美元。消息一出，再次引发双方口水大战。

周鸿祎先是在微博中称：“恭喜小米融资成功，原来雷军还否认，现在慢慢事实真相都出来了，所以我关于小米的说法都是有依据的，可以理解在融资关键阶段雷总对投资人承诺了今年100亿销售额和20到25亿利润，所以不能对外说小米不赚钱，当然也不能承认赚钱，现在融资成功已经把投资人圈进来了，想怎么说都可以了。”随后，周鸿祎又针对“Nokia总监帮雷军算账”一事做出评论，他说：“多数人不办公司不看报表，雷军偷换几个概念：（1）把公司运营成本计入手机成本；（2）用税后净利取代税前毛利，小米每部赚800是指税前毛利；（3）把很多极低成本如万分之几的印花税也罗列；（4）海关的税可做增值税抵扣，交毛利而不是售价的17%；

（5）回避手机硬成本只有1000，按雷军算法毛利也超过800元，税后利润600元。"

而雷军方面只是称："欢迎周老板学小米模式，建议周老板下功夫学两点：（1）敢于挑战国际大牌，而不是把枪口对准国内同行；（2）学习对用户的一份心意，拿出诚意回馈一下360用户和3721网站受害者吧。"

此前，小米手机启动回馈老用户活动，部分用户因在活动当天频频遭遇"系统繁忙"，在微博中抱怨小米采用饥饿营销。"饥饿营销这方法确实有效，"周鸿祎随后在微博中评论称："但是总用这招数一是蔑视'米粉'智商二也浪费'米粉'时间精力，大家都疲劳了。"同时调侃雷军："您有巨额广告投放还没钱买服务器？"

雷军面对周鸿祎的"炮火"并未直接回击，只是通过微博宣布将加大优惠力度。而周鸿祎在当天下午的一篇微博中再次发难，对小米回馈活动的真实性表示了质疑。

这两个月来，周鸿祎与雷军的你来我往俨然成了微博上的一场大戏。以两位大佬的正面交锋为主战场，硝烟的半径也在不断扩大，随着时间的推进，越来越多的人物登场。

其实，这样的网上骂战，刚好符合小米的营销需求，它可以从中吸引更多的粉丝卷入骂战中，从而加大了小米的宣传。因为骂战刚好制造了一种揭秘的表象，而网友对秘密又是那么在乎，对于小米的一些信息，小米从来都是遮遮隐隐，看似透明，其实说的都不是重点。顾客为了了解这其中的秘密，越发觉得小米神秘，为了去探索其中的神秘，不得不深入了解小米，在了解的过程中，顾客爱上小米。这是一种钓鱼式宣传，一点点把顾客引入小米的氛围，再实现顾客购买的行为。所以，在营销中企业要让秘密引诱顾客，让顾客永远关注下去。

烟幕弹，迷惑顾客心理

在网络营销中，烟幕弹是指一种试探型的营销方式，通过网络，发布一些似是而非的信息，以此试探顾客的心理，从而获取市场信息。这种营销方式需要很高的社会心理分析能力。

明星炒作其实也是这个道理。明星往往会制造一些机会让记者进行偷拍，然后借这个偷拍的内容让观众进行揣摩。比如男某某跟女某某在某餐厅共进晚餐，最后被记者拍个正着，然后记者大篇文章报道这事，于是有评论员开始对这件事大肆评论、揣测，最后男某某和女某某也随之得到了更多的关注。当关注度到达一定程度的时候，两人便开始出来澄清事实，顺便宣布两人有一部影视作品合作。最后作品也因这件事而备受关注，因而大卖。这一整套营销方式，其实就是烟幕弹作用。作为企业而言，要卖好产品，也必要制造烟幕弹，让顾客关注你的产品。

小米在这些细节的营销方法上是下够苦工的（不管小米是有意为之还是无意之行，小米的运作方式在整个营销过程中都符合了这点）。小米3作为国产手机热点中的热点，在雷军及团队的操纵下，放了一次又一次的烟幕弹，虽然每一次爆出信息都非官方，但据来源统计，都是由小米团队或是一些相熟的线人。但每次信息都模棱两可，不可否认，这些烟幕弹成功吸引了不少“米粉”的眼球。

我们来看看2013年10月18日来自道州网关于小米的一篇报道：

近日，不断有消息指小米科技将于近日发布小米智能手表。不过，与以往一样，当前真假消息难辨，i Do News仍然觉得小米手表是不切实际的东西。曾经有与小米利益相关方放出了“小米笔记本”的图片，i Do News亦认为小米不会涉及PC笔记本这种成熟且低增长率的产品。最终被证实，小米笔记本确实是烟幕弹。

小米不想生产智能手表的原因：第一，智能手表并没有什么特别的用处；第二，智能手表不太适合小米的客户群；第三，控制市场很难做到。

据悉，小米创始人兼董事长雷军曾于5月公开表示，暂时不会做小米智能手表。

从上面这则报道中我们可以看到，小米在营销过程中无不抛射了烟幕弹，以至于不少媒体或者顾客对其下一步的产品进行诸多揣测、揭秘。这样一来，小米的关注度又得到了提升。

是的，商场如战场，有时候放几个烟幕弹来迷惑对方确实也是常有的事，从京东商城进军图书市场其实体现了多元化对网络营销的重要性，手机把销售的重点安排在网络线上，更体现了商战中会逐步显现出一个多元化的时代。

与传统行业降低成本聚焦不同，对于网络营销这一虚拟的市场，更多的互联网企业是把自己的战线拉长。曾经说5年之内不涉足图书市场的京东商城，可不到10个月，就声势浩大地挖到卓越的副总做图书市场采购副总。京东图书火热上线，京东开始卖起图书来了。

对于刘强东的这个烟幕弹，的确让竞争对手不知所措。但是从营销角度来说，京东此举可以看出网络营销多元化将是一些强势网络媒体的必然趋势，同时这个烟幕弹让京东赢得了更多市场猜测，还赢得了更多时间去做准备。

其实，小米也放过不少烟幕弹，这点前面也有介绍过，而关键是他们的烟幕弹还确实影响了销售成绩。

我们来看看小米是如何利用烟幕弹来提高业绩的。其实，每个人都想拥有一部智能手机，性能强大而价格低廉，但其价格原因大多数人都未能如愿，能不能用购买普通手机的钱买到一部功能强大的高配置的手机呢?

小米公司推出了一款“双核1.5G、1G内存、电池1 930mAh、800万像素摄像头”的主流高配手机回答了这个问题，价格只要1 999元。但是，这些信息都只是传说而已，我们可以把它理解为烟幕弹。

直到在小米公司成立1周年的媒体见面会上，雷军才正式对外宣称小米公司将推出一款手机，但这次媒体见面会并没有小米手机的样机展示，也没有介绍有关于小米手机的细节。

之后，小米公司举行了小米手机发布会，正式向外界公布小米手机的详细配置、功能介绍以及1 999元的预售价。

至此，小米手机的神秘面纱才最终被揭开，不过，这更进一步吊足了人们的胃口。因为小米在发布会上并没有公布小米手机具体的发售时间及预售方式。人们在惊叹世间真有小米这样超高配置和超低价格的手机时，却又买不到。无疑，是烟幕弹制造了神秘感，让顾客不得不去揭开这个神秘。

由于网民的热切关注，再加上各大论坛的跟风炒作报道，小米手机迅速成了网络上的热点事件。

小米成立1周年后，百度搜索“小米手机”关键词相关结果约700万个，谷歌相关搜索有2 700万条，新浪微博上“小米手机”的内容也达到70多万条。

是的，正是在一款手机还没有上市之时，小米手机可谓就赚足了人气，小米开始在官网上正式接受网友的预定申请，而让小米公司惊喜的是网上预售仅用了34个小时，小米手机预订量就达到了30万部。这好成绩有赖于小米在各种类似烟幕弹的信息背后引起了顾客的好奇心，让其在网络上迅速成了销售热点的结果。

其实，在小米手机的营销案例中，小米手机的宣传营销团队将网络饥饿营销和网络事件营销用到了极致。这一切都依赖于最开始的那些烟幕弹，开始小米就对外放出一个烟幕弹，要生产一部高配低价的手机，以此来制造话题。但又不过多地透漏小米手机细节，让外界去猜测。

总之，小米手机的营销策划让人们对小米手机“只闻其声未见其身”，可谓吊足了人们的胃口，让小米手机成为网络持续关注的热点事件。这是网络营销的一种心理战术。于是销售量随着烟幕弹的迷漫，引来众多粉丝前来捧场而节节攀升。

产量与营销

总理就说了一句，小米变大米，又变成头条，影响力极大。结论是：小米真的是过度营销。

——雷军

产能与营销的搭配，成为一把双刃剑

2013年5月7日，在GMIC北京2013移动互联网大会的圆桌论坛环节中，小米CEO雷军坦言："初期刚创办小米时，同仁堂和海底捞给了他深刻的启发。"

雷军介绍，创办小米之前，认真研究了同仁堂和海底捞两家企业。他要跟同仁堂学做产品，向海底捞学做服务。

"同仁堂有340年历史，经过几个朝代变迁，经过了各种各样的磨难，在今天还能够是一个知名品牌，真的很了不起。"这是雷军对同仁堂的第一印象。

针对公众对小米"自媒体营销"的质疑，雷军的解释是，服务他们是学习了海底捞的口碑营销。口碑营销核心是要专心把产品和服务做好，也就是要超出用户的预期。

他指出，同仁堂有两句话给了他极大的震撼，第一句话是"炮制虽烦，并不敢省人工，品位虽贵，并不敢减物力"，他将它翻译为"真材实料不偷懒"。针对"真材实料不偷懒"，雷军举例，好比卖包子的人敢吃自己的包子，种大米的人敢吃自己的大米。谈到毒奶粉事件，他强调，今天的中国应该重新倡导打击假冒伪劣的精神。

“真材实料的公司这么好，为什么不做呢?因为很多真材实料的东西，用户看不见，所以，做真材实料会受到市场竞争巨大的干扰，竞争对手的抹黑、水军的诋毁都会给你很多干扰。这时候你需要做的可能就是坚持自己的理想。”

其实，真正的网络营销，如果要做到小米那样的排队式销售，还要在产能上进行掌控，不能说有多少顾客就要生产多少产品，这样对待顾客，他们自然会失去了“饥饿”，所以小米在这方面会严格把关，根据顾客的需求，再调整生产的数量。比如有100个顾客，小米会生产80个产品，剩下的20个没拿到产品的顾客因此产生了对产品渴望心理，这种心理会影响其他新的顾客，于是形成了许多人不断排队购买小米的现象。

这是一种自信的销售模式，没有足够的自信，一般企业不敢使用这样的销售模式——有顾客不卖产品，只是担心顾客会因此而流失。我们回顾当当网以及京东商城的销售手段，他们整天拼的是量，于是会相互降价，杀个你死我活，但是销售量还是不变，不见市场蜂拥而上的景象，同时也遭受其他同行的排挤，为了自保还要不断地做促销活动。为什么？因为京东和当当网这些企业并没有足够的信心相信顾客会等他们，他们宁愿相信，没有产品顾客就会选择其他产品。这样做的结果是，企业为拉拢顾客而自相残杀，相互损耗。

相对这些，小米做法高明多了。小米用预约的方式告诉消费者现在没有货了，但是由于预约制度使得顾客有耐心去等自己的预约结果，而预约这件事会透露出一个心理信号——好的东西需要等，物以稀为贵。

心理学告诉我们，人们对待稀少的东西都有好奇心，于是稀有变成了一种珍贵，所以商家会抓住这种心理法则，制造“珍贵”。

小米就是制造渴望的高手，它先是把产量降低，根据购买量来调整，还通过网络传播形式告诉顾客——现在没货了，排队预约吧。于是无知人会陷入“物以稀为贵的心理学法则”陷阱，一直等待拿到真实的产品为止。小米创始人雷军也不止一次地表示他们要做“排队的小饭馆”，其实真正的用意也在于此，而要做到此招，产量与销售的搭配是必不可少的，根据需求来调整产量，而且要把产量调节至比顾客的需求量少，这是一种反常的营销手段，充分利用了人们的心理缺点。

预售式营销的“阴谋”

小米的预售式销售模式，其实是一种营销手段，不管是有意还是无意的，这样的形式都能有效促成饥饿营销。预售，这种方式是抓住了顾客的心理——大众心理效应，也就是说大众去做的事情，人们会跟着去做。举个很小的例子，有一人本不喜欢看足球，但是大家都在看，且表现出观看的兴奋，于是那个人出于好奇心也去看了，并且会被这种氛围感染，加入这个行列中成为球迷。尽管他还不会看球，但他也跟着球迷的行为去看球，目的是为了自己赶上潮流。小米的预售模式或多或少起到这样的社会心理作用。

我们回顾近两年手机市场，随着安卓系统越来越受欢迎，也有更多厂商加入其中，推出自己的智能手机。尤其是一度从百花齐放走到默默无闻的国产手机行业，随着魅族、华为、中兴等近年来在手机市场的成功，又纷纷效仿。但是说到其中最火的，无疑就是雷军旗下的小米公司了，其自在2011年8月推出第一款小米手机后，模仿苹果公司，在国内厂商中大胆首度推出预售购机业务，取得很好的成绩。推出一年多来，基本每次预售都能在短时间内被清空，并且屡次刷新纪录。这就是小米在预售中得到的利益。它成功打入主流市场，在顾客中逐步影响扩大，品牌也得到了口口相传。

小米预售模式的巨大成功，最大功劳无疑是其强悍的预售阵容，再加上手机配置性能和其仅1 999元的平民售价，并且还不断推出低配的青春版，引起了国内厂商的疯狂效仿。

之后，包括360、华为等都推出预售购机，并且都是以低售价、高配置为卖点，也因此获得了一定的成功。那么预售是一种怎样的模式？为何取得如此成功的效果？

有人说小米做预售，是为了缓和资金上的困境。其实这种猜测是错误的，真正的目的不是为了缓和资金压力，而是为饥饿式营销做配合，有意降低产量和销量。但这种策略是一种鲜明的“双刃剑”效果，抢到的客户会觉得珍贵，而抢不到的则会产生强烈的不满情绪，长此以往，对于产品的形象必然产生负面影响。所以，小米接下去就对饥饿营销做出调节，否则，这场“阴谋”就不能实现。还好，小米现在的预售开始逐渐减少。所以，很多企业在模仿小米做饥饿式营销的时候要注意营销的灵活多变。预售不是不可以，而是要有节奏地进行，跟着产量配合，盲目的预售会让顾客陷入厌恶的情绪中。

在预售模式中，要权衡利弊，既不能让顾客有受骗上当的感觉，又要有明确的预售原因。小米的预售原因很明确，即是产能滞后、需求量过多，所以很多顾客就理解了小米为何要采取预售手段了，其实这不是小米真正的想法，小米真正的想法是利用预售的方式来预先绑住一群顾客，这样小米就可以安心地按需生产，一举两得。同时，预售也是为了配合饥饿模式而设定的。

产量预估是营销的烟幕弹

作为一个实体产品的企业，产量是不可忽略的问题，所以我们有必要对市场以及销售模式进行分析，从中得出产量预估，才容易把握好产量的问题。

比如，苹果公司在中国的产量是有预估的。据报道，苹果在2014年10月发布iWatch。该公司对这款产品如此信心十足，它预计每月产量将达到300万～500万块。

据业内人士称，苹果初步决定在2014年10月展示这款令市场期待已久的可穿戴设备。苹果就此举办一场特别的发布会。苹果对上市的iWatch充满信心，预计该设备每月的产量将达到300万～500万块。

为什么苹果公司对未来每月的产量能得出300万～500万的预算？那是苹果公司针对中国市场做了大量的调查，并根据中国顾客的反应，以及一系列的市场调查，最后得出这个结论，苹果公司就知道在中国大概要投入多少钱，收回多少成本，甚至可以预测什么时间发布产品会最为合适。这是最基本的企业销售行为。

其实，小米对产量做过大量调查，因为小米实体委托别人帮生产的，小米公司只负责产品的研发和营销，所以对于小米来说，他们要有极深的市场调查才能引导委托公司的产量生产。小米的创始人不仅一次说过，他要做“排队的小饭馆”，为了做到这一点，他的产量要求就显得很重要了，因为产品的多少会直接影响到这个“小饭馆”需不需要排队。举个例子，如果庆丰包子把店面扩大了，每天服务跟得上去，那还会出现排队吃饭的顾客吗？不会，因为不管来多少顾客，庆丰包子都能供应。长久如此，庆丰包子就显得不是那么珍贵了，因为只要你到庆丰包子店就能吃到。于是顾客对庆丰包子就没有了渴望。换句话说，庆丰包子店之所以有人排队，是因为物以稀为贵。

小米公司也是如此，小米之所以能在网上预购，是因为没有那么多的小米手机销售，所以顾客得排队。因此实现了雷军说的那句话——我们要做“排队吃饭的小饭馆”。假如雷军把大量资金放在产量上，一一满足所有顾客需求，不断提高产量，那么顾客就不会排队预购，小米也显得不那么珍贵了。

这是产量控制得出来的销售模式，产量的限制其实是烟幕弹，蒙蔽了顾客的双眼，让他们变得积极起来，而小米便会从被动变成主动。有了饥饿销售，就不怕没人买它的产品了。

关于饥饿营销的秘密

一般来说，小米手机的供货周期是3～4个月。也就是说，在一部手机制造好的前4个月内，就要把货款支付给零件供应商。为了缓解资金压力，现货流通越快越好。

——雷军

成王败寇饥饿营销

说到底，小米成功了。不管小米现在的存货量有多少，它的饥饿营销已激发了人的购买热情，所以它成功了。因为渴求（缺货的表象）一直留在顾客脑海里，所以小米无论如何都抹不掉顾客对小米的第一印象。

前面我们了解到，饥饿营销主要体现在“饥饿”两个字上，首先要从产品本身去下功夫。既要关注用户对产品的需求，又要不断优化产品细节、对产品造势。随着用户对产品需求呼声愈发强烈，继而限时限量推广产品，即产量上的抑制。显然，现在很多电子产品都这么做，在产品推出之前，首先会有产品发布会，然后告知顾客会上市多少件产品，以此来激发顾客对产品的追捧心理。可是谁做到了呢？只有小米获得了空前的成功。小米上演了限时抢购狂潮后，人们开始怀疑小米故意制造产品“供不应求”的形势，但是雷军解析说：“真不是这样的。”

为什么小米能实现产品销量日益火爆的局面？因为小米的饥饿营销已经做到了。如今，互联网营销手段越来越多，并不是采用饥饿营销就一定能够成功。关键的一步就在于产品造势这个点上，产品前期的声势越浩大，用户吸引度也就越高，关注的用户多了，自然而然地也就增加了潜在的客户。

事实上，如今不仅仅只是在产品销售这块用到饥饿营销，就连影视等行业也都采用了这种营销方式。

相信很多人都看过《快乐大本营》这个综艺节目吧。每一期请来的嘉宾其实都是在渐渐地营销自己的作品，比如说新出的专辑唱片，或者即将上映一部电影，都会提前给观众粉丝提个醒，引起他们的兴趣点，从而实现唱片的高销量和电影的高票房。从这个角度去分析饥饿营销，我们可以这么说，不管产品是不是卖出去了，在没上市之前，顾客已经对产品产生“饥饿感”了，无疑小米就是这样的例子。

其实，这也是饥饿营销主要的关注点，是在产品本身上，产品的卖点在哪里，是不是可以勾起用户的购买欲。

我们来看看小米是如何实现的。

从小米1、小米2、小米3，到低端的红米。小米一以贯之的就是发烧友手机的概念。对此，很多人起初都存疑，认为会忽略一部分用户。但事实告诉我们这是一个成功的定位，也给小米手机留下了深刻的品牌烙印。因为，发烧友手机不是一个空中楼阁的定位，而是在小米手机产品更新、升级过程中都有强支撑的。回忆一下，每一代小米手机的发布，几乎都离不开两个大词“顶配”“首发”，这是两个足够发烧的词，这刚好也是饥饿营销中的一个环节。不管小米是为了打造适合发烧友的机子而变得产量饥饿，还是打造大众机子导致产量渴望，小米的每次发布会都给顾客留下了饥饿感。

当时小米1的刚面世，很多人曾经对其1 999元的定价有疑问。毕竟开始采用薄利多销的方式进行销售对于一个新品牌而言，风险是很大的，如果一旦销售不利，只有被迫降价这条路，但1 999元在当时已经是非常低价，没法再继续降价，所以这也是危险的一步。

成王败寇，结果证明了1 999元这一着险棋成了一着妙棋，不是绝了自己的后路，是绝了很多同行的后路。这最初的价格诱惑，让顾客顿时也饥饿了起来。

从营销角度看，小米饥饿营销考虑的是消费者成本，也就是消费者所能承受的价格底线，也是消费者为了满足自己的需求和欲望而愿意支付的总成本。而且，因为小米采用电子商务的销售模式，又进一步降低了消费者的预算。当然，因为小米几乎一直采用预订、抢购的方式，增加了客户的时间成本。不过，似乎小米的客户除了口头上的抱怨之外，并不在乎这种购买方式，那是因为小米产品对客户需求和欲望的刺激实在太过强烈了。这又是一计刺激顾客心理的妙招，不管如何，小米都在一步步刺激顾客的购买欲望。

饥饿营销的促销推广工作其实不多，但是最为可贵的是每项推广工作都做得非常到位，组合在一起就迸发出巨大的威力来。

很多人都说小米创造了一种“参与感”，正是有了足够大的参与感，才形成了小米粉丝这一群体。这还需要回到产品端，MIUI及其社区才是“米粉”参与感的源头。一个不断吸收用户反馈、每周迭代更新的产品，这是以往其他企业不曾有过的，也是客户们所不曾拥有过的。MIUI这种运作模式，让“米粉”们有了很强的存在感和参与感，好像自己真的参与到了MIUI的工作中的感觉，这是为营销成功构筑堡垒。让顾客有参与感，就会有不断参与的欲望，这是产生饥饿的其中一个元素。这种客户关系维系的方式非常高明。同时，我们也会发现小米在微博、微信上都投入了巨大的人力来运作，这两个新通道虽然一个重在拉新客户，一个重在客服，但是都在维系小米的客户关系上起到了巨大且持续的作用，也进一步提升了“米粉”的存在感和参与感。这一存在感都是为了顾客时刻关注小米的产量情况而做的，只要有关注了，小米就可成功灌输关于营销的信息。也就是说，不管什么时候购买，小米始终有一个理念灌输给顾客，那就是“产量少，需要等待，好东西需要等待”。

小米饥饿营销的两个通道一个是电子商务，一个是运营商。只看电子商务，消除了传统的线下渠道，首先这又帮小米饥饿营销挤出了一块利润空间，这或许就是与小米一开始就以1 999元定价息息相关的环节。

其次，电子商务的销售模式给了消费者极大的购买便利性。小米通过电子商务的销售模式消除了中间环节，让消费者足不出户就可以购买，为消费者提供了巨大的便利性。小米曾经在新浪微博、微信、天猫、QZone上销售小米、红米手机，一方面是小米为消费者所创造的更便利的购买方式，一方面也可以理解为这是拓展用户群的一种市场活动。

以上就是从营销理论对小米饥饿营销成功的简单分析，小米的饥饿营销目前的成功核心还是产品，没有超越期待的好产品，一切都是妄言。

很多人诋毁小米的预订抢购是饥饿营销，但现在看确实是供不应求所致。许多企业会效仿小米的这一销售模式，但这只是表象，没有好的产品支撑，饥饿刺激不到消费者。

小米的前三年获得了不可思议的成功，但是饥饿营销将如何其实谁也无法定论。比如国际化，能否依然成功，还是一个未知数。国际化是一个坎，一个小米成为国际企业不得不迈的一个坎。

国际化对于中国企业来说尤其艰难。小米的红米手机在台湾开售，很多人对此表示怀疑。用一个品质不那么突出的红米在台湾销售，搞不好就可能给小米自己留下一个负面的口碑，如果真如此再想挽回就太难了。事实上，毕竟小米自己肯定有更深入的分析。

小米饥饿营销电视开始定位“年轻人的第一台电视”，挺有新意的，目前来看反响也不错。电视业务所占用的资金更大、市场中的品牌竞争也更激烈，小米能否占领人们客厅这块战略要地还是一个问号。或许，小米在国内市场未来的成败就不再取决于手机，而是电视了。但是不管如何，如今看来，无论小米成功与否，它都已经成功让顾客产生兴趣了。

营销效果虚假与否，顾客已经饥饿了

很多企业靠产品性价比打动了顾客，但是性价比永远都是昙花一现，因为没过多久，其他企业就会有更好的产品出现。所以，在营销上仅仅靠性价比去跟顾客说话那还是远远不够的。小米的质量已经很不错了，但它还要在营销上大做文章。

小米手机的用户基本上都被MIUI界面所吸引，而MIUI界面所吸引的人群，也正是组成了小米手机最核心的关注与支持群体。虽然MIUI界面基于安卓系统，但相比2011年6月之前安卓原生简陋的“抽屉”形式和糟糕的美工界面来说，MIUI呈现出完全不同的界面效果，生动的图标和对菜单界面的大量优化，让手机操作变得更有乐趣，同时它还根据用户（以中国用户为主）的习惯进行设计，进一步方便用户的操作体验。这些都说明了小米的质量是超前的，技术也是前所未有的跨越。再加上价格的实惠，更是吸引了一大批粉丝。

但是仅仅是产品质量以及价格优势就能抓牢粉丝们了吗？要靠的是技

术上的创新还是模仿苹果的饥饿营销炒作？显然，小米的成功并非仅仅手机质量本身，而还有它的饥饿营销。不管如何，小米成功让顾客产生了期待心理。

说起小米公司背后团队当中最重要灵魂的人物，莫过于公司的创始人、董事长兼CEO的雷军，他的存在为小米注入了足够多的创业基因，也为整个团队注入了充分的创业血液。同时，小米公司的团队并非传统互联网项目那样全部由年轻人组成，小米团队的核心成员包括来自微软、谷歌、摩托罗拉、金山等行业顶级公司的原高管，公司几百号人的平均年龄在30岁以上。虽然小米手机和MIUI界面做的都是给年轻人，但这些资深高手组成的团队却保证了这件事的运作可以更加扎实稳定，每一步都走稳。在营销上更是在国内没有的事。

首先从小米手机的预热开始，小米已经对顾客进行了预热。顾客常常这么问："1 999元能够买怎样的手机，而且这样的手机还是顶级配置？"确实，这样的噱头在2011年显得非常诱人。2011年8月16日小米公司在北京召开发布会上介绍了小米手机，雷军以乔布斯的方式登场亮相（这也被不少关注者开玩笑或者挖苦是"山寨"苹果的方式），大批来宾让现场显得热闹，这在微博等社交平台上也成为一次盛宴报道，小米手机也借此机会让更多普通的关注者得以更深入了解。

发布会上，小米手机以"中国首款双核1.5GHz主频处理器机型"的身份出现，这让它在市场上的位置得以确立。在手机市场，国产机至少在数据上还没有达到这样的水准。不仅如此，小米手机还配备了4英寸的显示屏、1GB运行内存以及Adreno 220图形芯片（对1 080p高清视频播放和3D游戏提供流畅支持），另外还有800万像素的大光圈镜头，以及1 930毫安的大容量电池（包括为了散热而设计的"石墨散热膜"等），这些细节都显得颇具看点，也让小米更有市场竞争力。

铺天盖地的社交网络推进让小米手机的这些配置和卖点迅速传播到人们的耳中，不到2 000元就能拥有双核高主频处理器领衔的一整套高端配置，这看起来真是很有吸引力。不管怎样，小米在引诱顾客，也不管销售的业绩如何，小米的营销还在继续，晒机子的功能也好，晒销售量也好，都是笼络顾客的方式。是的，这些元素可以说是饥饿营销的铺垫，没有这些，饥饿营销就不会成功。不管机子如何，反正已经激发了顾客的购买心理。

正因为小米吊顾客胃口，所以一切关于小米的消息都被人加以揣度。揣度的内容大概有两种，小米说的是真的吗？小米是在营销吗？

虽然，从当时的市场现状来看，小米手机也算是一款定价合理实在的机型，这点是毋庸置疑，从每周五MIUI界面的定期更新这点，就都足以感受到小米公司的诚意。而1 999元的价格就能买到这样的配置，即便是一年以后也还算是主流。再加上MIUI界面确实好用（到Android 4.0时代也仍然如此），这些都让小米手机在市面上能够站稳脚跟。但是，在营销环节上，小米手机会不断引来质疑和反对的声音，这就要说到饥渴营销的话题上了。质疑和反对的声音来源于顾客的不解，小米发布的或者一些关于小米的消息是不是真实的？不解当然会引来质疑和反对。

小米手机的销售一开始采用优先制，即论坛用户能够优先购买；其次采用报名制，在小米手机的网站上进行排号，到多少号才有购买权，这让小米手机看起来非常紧俏——微博等平台上一度还有着“转让小米手机的购买权”等话题。在这一过程中，小米公司和雷军本人不断地站出来道歉，称因为产量不足才采用限购的方式，但消费者不信，于是饥饿营销的说法铺天盖地，这套被苹果公司“用滥”了的方式，成为关注者质疑小米手机的关键。

包括后来几次公开销售，在很短的时间内小米手机就会被抢购一空，这真是让人又惊讶又怀疑。不过怀疑确实也有足够的理由，如果真的照小米手机“3小时售罄10万台”的速度，追上来iPhone似乎也是指日可待。

不过，目前我们显然没有办法判断这样的数据的真实性，而在不少媒体和记者的采访中，小米手机或许真的存在产量不足的问题——目前的行业中，只有苹果能够牢牢掌握各部件生产线进度，其次是一线的国际品牌，到国内厂商其实就已经非常被动，无论是零部件采购还是生产加工，国内厂商的优先级往往安排在国际大牌之后，小米手机作为行业新秀，受困于这个环节倒也还能理解。

当然，即便饥饿营销确有其存在的理由，这样的营销本身也是厂商生存和市场营销的一种方式，最重要的是作为用户和消费者的我们能够得到怎样的体验。而小米手机的存在，确实打破了行业既有的、传统的格局与流程，为市场注入一股新鲜血液。同时，它还成为国内厂商全面崛起与国际品牌分庭抗礼的开始。看看现在的国内市场，华为、联想、OPPO、魅族等厂商纷纷出列，无可否认小米手机在其中起到了先行者的意义。因为在雷军投资的众多企业（UC、YY、拉卡拉、凡客、乐讯、多玩、7K7K等）当中，不少都和时下火热的移动互联网密不可分，另外凭借着低价与功能整合的优势，也能带动更多用户将小米作为使用移动互联网的客户端入口，从这点看，小米不只是在做手机，而是整合资源优势。

所以，一切动作注定小米会在整个行业的发展史上会留下自己的一笔，但是小米如果未来只靠饥饿营销以及炒作，不改善现实存在的诸多问题，它能走多远我们还需拭目以待。不过，小米似乎做好了打算，它在营销的同时，还花大量精力在研发上做文章，才会有后来的小米电视、小米电视盒……大大丰富了产品的种类。为此，不管你对营销效果是否质疑，小米已经成功让顾客饥饿了。顾客不是蜂拥而上地抢购小米产品了吗？愿者上钩，做生意本来就如此，不管人家如何营销，报道中的销售量和产量是否真实，最终的事实是：你去买小米了。

预售与排队之间的营销奥秘

2013年5月7日，全球移动互联网大会在北京开幕，此届大会主题为“重新定义移动互联”。小米科技董事长雷军在会上谈到小米的定位，称自己的梦想从来都不是做一家大公司，目标不是成为下一个华为、腾讯或者联想，而仅仅想做一家“有人排队的小饭馆”。

我们应该如何理解“小饭馆”与“网络营销”之间的关系呢？

创业几年，雷军认为小米是一家什么样的公司，现在已经不需再纠结这个问题了。创立小米公司时，雷军曾参考过两家公司——同仁堂和海底捞，他坦言：“向同仁堂学产品，向海底捞学口碑营销。”

这里出现了“口碑营销”这个词，我们可以这么理解。所谓的“小饭馆”，就是为了“口碑营销”而设计的一种销售模式。只有这种模式，才能迅速引起口碑上的相传。

雷军的口碑营销是这么理解的：“我的梦想从来都不是做一家大公司，而是一家小公司，现在小米还是一家小公司，内部结构极其扁平化，把做好产品的理念贯彻到底，用户和‘米粉’的意见完全可以帮助小米的管理。”

“用户和粉丝的意见完全可以帮助小米的管理”，这句话的含义在于，通过粉丝的口口相传，从而获得更大的宣传效果。小米只需要根据小米的粉丝的意见反馈，就可以有效控制这些口碑的传播内容和方向。所以，小米从小饭馆理念得出了这么一条真理，在网络营销的过程中，靠大量的广告支撑的年代早已过时，靠掌握粉丝的口碑管理方法取得口碑上的宣传主动权，这才是王道。

“我不想再做一个华为、腾讯或联想，只想做一家‘有人排队的小饭馆’，让顾客常常说，老雷给留个座，这就是最大的幸福。”这是雷军说过的一句话，他的意思是预售的持久性，如果小米能一直依靠小饭馆营销理念去抓住顾客，从而获得预售的效果，这就证明预售成功了，小米的网络营销也成功了。

还记得国美商城吗？这是零售业的辉煌代表，它成功地吸引到一大批顾客到商场里消费，凡是到商城里的，都能找到自己钟爱的产品。与此同时，大中电器也陆续达到这样的规模，顾客们再也不会只有单一选择了，可以去国美，也可以去大中，而这一切的本质是：商场对顾客来说供过于求。这是为什么？因为大商场并没有吸引顾客的主导权，顾客掌控了主动权，可以选择消费。如果国美也能如小米一样做个小饭馆，每天有人排队，那么国美就掌控了吸引顾客的选择权了。

无疑，这就是网络营销当中的口碑营销与小饭馆排队理念的魅力。

黄牛挡在前，是福还是祸？

小米对自己的手机预售着实有令其头痛的问题，这个问题就是“黄牛党”。所以小米一度想要打击这些黄牛党，但问题是，消灭了黄牛党，是一件好事吗？黄牛党的存在又说明什么问题呢？

其实，产品的热销背后都会有黄牛党。比如春节期间的火车票，由于僧多粥少、供不应求，许多黄牛党就会蜂拥而上，利用各种软件抢到大量的票后变价倒卖，从中获取暴利。即便政府大力整治，也无济于事。这是一种市场效应，从这一现象分析，不可否认，在销售环节中出现黄牛党是一个好的预兆，说明小米的销售状态真的供不应求。甚至在一定程度上，黄牛党还加剧了小米饥饿营销的效果。大批黄牛党的出现，会让顾客如购买春节火车票的心情一般，于是供需关系被虚化了，顾客考虑的不是金钱，而是能否买到小米，这是黄牛党给小米制造出来的顾客消费心理，而这无意间大大提升了小米营销的效果。

如果说小米之前的口碑是成功打造了小米的品牌，那么黄牛党则是其产品畅销的润滑剂。显然，黄牛们的努力，使得小米坐享其成。

此前，有人说小米的产品总能在发布之初被一抢而空，这是“有意为之”。到底是“有意为之”还是“产量不够”还在争议，不过，这似乎都已经成了小米公司的惯用做法。无论如何，对于小米手机的成功营销，更加意味深长，以前能够利用黄牛来涨势，那下次来个历史重演也是绝对有可能的。

对于小米来说，黄牛们在给自己捞钱的同时，也为小米的营销神话的缔造立下了汗马功劳。是的，比如小米3又一次为小米实现了“旱涝保收”的奇迹。10万台手机在86秒售罄，这在历史上史无前例。而此次黄牛军的加盟，加速了小米3售罄，而这似乎为小米下一次的饥饿营销的成功又添加了砝码。

当然，物极必反这点，小米也意识到了，于是积极采取了一些制止行动。

小米在2013年9月开始采取措施制止黄牛党的。顾客使用账号预约下一轮红米手机开放购买的时候会弹出绑定手机号码的提示，而在之前是没有这一提示的，需要注意的是每个手机号码只能绑定一个小米账号，此号码可用户登录和找回密码，只有在绑定完成之后才能够进入预定页面。这就是小米官网直言的：“防止黄牛，保护‘米粉’利益。”这样一个小小的技术改进，就让黄牛党难以插手。对于普通用户来说，之前使用多个账号抢购手机的情况今后就不复存在了，也有效制止了黄牛党的行为。

小米之所以这么努力地去制止黄牛党，其原因在于小米觉察到了黄牛党对小米在营销上的影响。首先，黄牛党把小米计划内的价格提高了，这样小米没法了解到顾客真正接受的价格，这样小米就没法有效地定价，而它是企业的一大忌。

有个例子很生动地说明了这个事实：

DDS速递在长三角采用渗透定价，希望以此来迅速提高市场占有率。但其他快递公司采用降低收费、提高服务等各项措施，没有让DDS速递在长三角打开局面。DDS公司由于在长三角地区没有达到一定的规模，经营一段时间之后，产生了经营亏损，不得不撤出长三角，但其他地区的客户对其也产生了不信任，从而导致了总部最终倒闭。

那么DDS失败的原因是什么？是因为DDS选择了降价，这一降价让顾客对DDS失去了信心，很多顾客都认为这么便宜的快递靠谱吗？于是纷纷选择其他快递公司。这是一个关于定价失败的案例。追究其深层原因，便在于DDS没能及时掌握顾客对价格的反应情况，于是把错误的价格定了下来，结果影响到了整个营销计划。

所以，当小米受到黄牛党的危害，而没法判断顾客对价格的反应，于是小米出奇招，制止了黄牛党的插手。

另外，黄牛党的出现，会把一部分顾客排除掉。因为黄牛党把价格抬高了，很多顾客原本是可以接受小米定下的价格的，但是黄牛党的出现，让价格抬高了，于是这部分顾客只好止步，选择其他产品。这样的影响不仅仅是小米的顾客减少，还从一定程度缩小了小米粉丝的范围，降低了口碑的效应。我们知道，口碑的最大帮手是什么？是人言。如果人数少了，那么口碑的效果也就跟着降低了。

因此，综合考虑小米最终是采取了相关措施有效防止黄牛党的扩散，而非坐视不管。

小米第3招 价格策略——准确定位，一击即中

一个好的价格策略能够帮助产品在短时间内获得超越于产品本身的价值和影响力，所以首先结合产品本身的定位和形象对产品进行价格定位，选取合适的价格策略是赢得营销胜利的重要环节。

另外，企业的价格定位并非一成不变，在不同的市场环境下，在产品的生命周期的不同阶段和在企业发展的不同阶段，价格定位也可以相对灵活一些。

价格定位促饥饿

我不一定要赚多少钱怎么样，我要比别人家的伸缩性好，比别人家的效率高，比别人家的东西做得好，所以小米的核心是以用户口碑为核心。

——雷军

低价、高品质诱惑

IT评论者查理·卡斯特曾经这样评价小米的定价：“小米手机的价格恰到好处——它足够便宜，让目标受众的大部分人都能买得起；又足够贵，让人们知道它并非一文不值。”

前面我们说过定价的重要性，在这里我们还要说说关于价格的问题，同时，这里要探讨一个问题：我们该如何定价。

在企业运营中，最大限度地降低成本预算同时又保证产品的品质和质量，是其最重要的职责之一。成本降低了，利润就会跟着上涨，这是很简单的经济道理。如果有条件降价，采用低价营销策略很容易迅速攻占市场达到盈利目的。在商业价格战中，低价策略相较于高价定位，其优势更加明显。比如京东与当当的价格战，就说明了一个问题：有条件降价的一方，就有机会吸引大批顾客。

不过，降价要有条件，首先要在同等质量或者高于市场质量的情况下，在这样的条件下，低价策略是对于顾客而言是最具吸引力的武器。因为普通客户仍然是市场中最大的购买力，他们的消费行为较为理性，都希望能以最低的价格买到最好的产品。尤其是收入水平较低的客户，他们重视价格甚至超过产品功能。

其次，如果成本比别人的高，但你还降价降得比别人幅度大，那么利润就会比对方大大降低，利润低的一方会因为没有足够的利润而发展其他营销上的服务，最后就会在价格战中输掉。所以，我们在降价的时候要权衡利弊，慎重决定。

20世纪初期，汽车产业虽已经进入成熟期，但仍然只有富人才买得起。而亨利·福特并不这样认为，他说："假如不是坐等有钱人来上门订货，而是采用大批量的方式生产汽车，就可能使其价格下降到一般人都付得起的水平，让每个家庭都成为拥有汽车的家庭，实现将汽车放在货架上购买并立即可以开走。"

1908年，福特生产了大约6 000辆T型汽车，当时售价为850美元；1916年，福特卖出的汽车数量是之前的10倍，价格为360美元，不到之前的一半；最后一年，T型车的产量为1 500万辆，而售价却变得更加诱人，仅仅只有290美元。福特汽车的这种以高技术生产为基础的低价营销策略获得了巨大的成功，不仅在商业上起到了决定性的优势，还为普通大众提供他们买得起的汽车，从而迅速占领了市场。但是福特汽车降价是有条件的——降得起，因为它的生产流水线技术已经很成熟，成本大大降低，而且质量也很好。所以福特汽车敢于降价，于是它有了市场。根据福特的逻辑，每降低一美元的汽车成本就会获得相应的1 000名新客户。这样的降价理论，至今仍被人运用。

对于小米来说，其成功哲学与福特有很大的相似之处。小米手机出现之前，中国的手机消费市场存在着一个普遍的规律，消费者要么选择一部像苹果或者三星盖世系列这样的高品质手机，要么则会选择一部低价且劣质的国产手机，很少有一部能够兼具进口手机的品质和国产手机的价位的手机，所以以前的手机几乎不用怎么去做价格上的定位，都能有一定的顾客量。但是此后，这种局面被打破，小米的出现就是打破以前那个手机格局的导火线。所以，小米手机一经面世就能获得了超高的人气和市场份额。

美国《大西洋》月刊网站曾经发文这样评价小米公司："这家建立仅仅3年的公司制造了时髦且诱人的智能手机，功能可与苹果iPhone相媲美，价格却只有iPhone的一半不到。颇受关注的小米3手机仅售327美元；而苹果

iPhone 5S的零售价为866美元。”

小米在性价比上让消费者尝到了甜头，自然反响良好，从一开始就赢得了不错的口碑。根据相关数据显示，在2012年，小米总共卖出了700多万部手机，并且在2013年将这个数字翻了两番。它在中国所保持的5%左右的市场份额，一度超过了苹果。这些都不得不归功于其聪明的定价策略。

价格策略能以小博大，这是中国人很早以前就有的商业智慧。我们来看看小米的以小博大成果：2012年初夏，小米被估值40亿美元，仅仅创业两年时间，小米就创造了互联网企业中的神话。

但是，外界对小米所取得的成绩感到奇怪，几千年前中国人熟悉的智慧已经很久不用了，突然被小米驾轻就熟用了，中国人开始陌生起来了，所以争论也一直沸沸扬扬。而对小米的质疑声音大致有这一点：对于小米手机仅仅1999元的低价定位，想必大家都会疑惑，为何这样廉价的小米手机会赚到如此多的钱？如果1 999元就能获得这样的利润，那么2 999元、3 999元的产品岂不是赚得更多？

事实告诉我们，恰恰不是这样的，那么小米的差别和原因到底是什么？

一是去掉中间环节，采用网络直销方式。

在传统的实体销售体系中，渠道是产品成本中非常重要的一部分，层层代理的现象让中介和经销商赚足了利润，而最终到达消费者手中的价格往往比原始价格要高出30%甚至以上。小米一直就对外公开不会走传统的分销渠道，而是利用互联网方式进行网络销售，以此来节约渠道成本，实现低价定位。通过网络直销的方式，许多不必要的中间环节被直接砍掉，大大降低了产品的成本。所以，小米有资格降价。

二是销售第一，售后第二。

如果把售后服务摆在首位，长远来看，必然对企业有利，但是如果短期投入较大，收益就可能缩水。像小米这样定位高端品质的手机，要获得与苹果这样的国际大牌同等的售后服务，几乎是不可能的，背后投入的成本也会更大。因为小米背后顶着风险投资的压力。作为创业公司，只有不顾一切快速将产品销售出去，从而获得利润，以满足投资者的投资需求。

三是巧妙组合方案，最大限度精简成本。

对于小米产品能够实现低价高盈利的奇迹，其实更多来自于产品本身，来自于产品配件搭配的方案，尽可能精简产品投入的各种成本。

首先，小米选择了比较低的开发和采购的成本。小米通过高通平台选择了MSM8260处理器，因为高通平台具有相对市场水平更低的整体采购和供应成本，高通这种高度的整合性可以为厂商最大限度地节约研发和运营成本。对于小米来说，这是非常实用的方案。

其次，去除那些实际上并不需要又花费较大的硬件和功能。比如我们应该很清楚，小米1手机没有前置摄像头，也没有陀螺仪。对于用户来说，这些功能基本都用不上，小米把这些功能去掉，节约了成本的同时并不影响用户对产品的正常使用。

最后，低端零部件、二线供应商、低成本的制造工艺相结合的最优方案搭配。国产800万像素摄像头、单层玻璃基触屏、分离式的框架结构设计，根据这些实用的材料的运用，小米的硬件成本与对手相比至少节约了60美元左右，这种全方位的精简方案，为小米的低价策略提供了依据。

所谓的“低价策略”，并不是负利润进行销售，而是以相对市场价格更低的价格和更高端的品质来获得消费者的关注，从而诱惑他们购买自己的产品。在所有的营销方式中，低价策略是最有效的营销方式。

分析了小米的价格与品质之间的关系，我们应该明白，当一个企业的产品到达了一定品质的时候，而且有条件降价时，就要不再犹豫。降价，可以为企业迅速赢得更多的顾客，迅速壮大公司的实力，在营销方面也能取得主动权。

渗透定价法

雷军也许永远无法在国际上获得像乔布斯、贝索斯或比尔·盖茨那样的地位。但他很可能实现了更重要的东西。在过去30年里，外国观察人士一直认为，尽管中国能够高效而大规模地制造廉价商品，但却缺乏创新能力，只是仿效复制。小米似乎注定要证明他们的错误。

小米能够取得成功，很大程度上归根于价格定位的准确性。关注中国技术产业的博客作家查理·卡斯特说：“小米手机的价格恰到好处——它足够便宜，让大部分目标受众都能买得起；又足够贵，让人们知道它并非一文不值。”的确，在一个伪劣商品普遍存在的国家，小米手机因为质量上乘而广受好评。就智能手机行业发表过多篇文章的公共关系专业人士戴维·沃尔夫表示：“如果拿相同特性的手机来比较的话，你愿意多花四成到六成的价钱买一部特性相似的三星手机吗？小米手机的质量能够令人接受。”

小米能做到这个最简单的解释是精明的定价策略：小米手机价格适中。这是一件好事。的确，中国的消费者对这一天的到来早已期盼很久了，小米的到来打破这种消费疲劳感，既不是山寨版的国产货，又不是低端的手机，而且价格上也没有外国品牌那么贵，这点让消费者眼前一亮。那么，小米的定价方法又是什么？

小米用的是渗透式定价。渗透定价策略设定最初低价，以便迅速和深入地进入市场，从而快速吸引大量的购买者，赢得较大的市场份额。较高的销售额能够降低成本，从而使企业能够进一步减价。

但是，我们之前也看过很多企业采用了低价渗透市场的方法，但无一例外都失败了。我们看到了，渗透式定价的好处是能迅速打开市场，提高企业产品的市场占有率。低价薄利不会招来竞争者的进入，但是有它的风险存在，低价利微投资回收期较长，不利于企业形象的树立，因为低价出现会有负面报道，比如山寨版手机就是低价入市，但是随之而来的负面报道让很多此类手机企业纷纷倒闭。当然也有可能招致反倾销报复，华为、中兴就是很好的例子。

其实，小米两次调价都有人刻意欲抢占先机，但从调价魄力上看，小米还真两度“后发制人”。的确，在巨大品牌势能和用户群体的裹挟夹持下，小米的进击的动能转换也有了额外的加成。其实，这就是传统终端制造商早先所忽视并难于理解的关键——在从产品到体验，再到与用户深度互动的整体品牌运营工程之前，传统单一的价格思维无论从力量和胆量等维度看都已全面落后。简言之，“产品即媒介”这个道理在竞争对手们终于觉察并尝试掌握时，小米已经积累了足够客观的领先优势。

现在，小米已经成功拥有大批顾客，它所面临的问题是不断开发新的顾客，如若不然，老顾客会逐渐消失，毕竟不可能每个人没事去买很多手机玩，买一部手机能用个一两年，小米不可能等老顾客用坏了手机再拉拢老顾客回来买手机。所以，小米必须要在产品开发上多花精力。

所以，小米的开发团队开始开发出小米电视盒、小米电视等，这些新产品势必会带来新的顾客。从此也看得出，小米意识到这个问题，所以接下去的营销更是一个高挑战。另外，小米对成本的计算是非常精确的，一个企业如果对成本掌控不精密，很容易陷入困境。小米降价幅度达20%之多，其根本原因还在于成本的控制，还有雷军经常挂在嘴边的那句“成本定价”。

事实上，摩尔定律的作用是一直存在的，在经历新品首发一段时间后，所有的手机都应该降价。但之前手机厂商鲜有降价促销行为，它们把这些收入都计算到利润中了。当然，也有强势的品牌，如2005年鼎盛时期的诺基亚，乔布斯时代的苹果，在摩尔定律即将发生作用之后，直接将产品停止销售。小米手机以一年发布两款新机的节奏，更深切地感受着摩尔定律的作用。比如比小米2晚约半年的小米2S，定价很快就从1 999元降到1 699元，在配置上还有所提升。

成本变迁的同时，策略驱动因素是小米的成本定价原则。小米2S比小米2降低300元，小米2S一年后又降价400元，其定价策略与摩尔定律作用下的成本走向是正相关的。加上小米的成本定价策略，这些变化都会非常直接地反映到产品实际定价中。所以小米降价400元绝不只是一种市场策略。

这可能是眼下消费电子行业单款长周期产品策略比较合理的综合定价原则。产品在市场中的进入、发展、成熟期，直至一个相对平稳的出货时间段内，可采用渗透定价方式，即维持相对平稳的定价曲线，前期较少获取硬件利润甚至亏损但后期可获得一定收益，也较能增强消费者的购买信心。但当生命周期长达下代主力机器即将发布及上市之后，则可视为一个新的渗透定价区间。

不同的区间之间，则以类似“撇脂定价”接续。所谓“撇脂定价”指的就是随着成本的变迁，逐步降低价格，在产品周期早期获得较多利润，而后期则配合放量逐步降价，减少利润。之所以说是撇脂定价的销售法，就是小米的这种周期接续的综合定价法中，始终紧密围绕着成本定价这条曲线，波动不大。

当然，这种综合定价策略的首要前提是，一款产品无论是性能还是体验都能支撑一款经典产品所需的超长生命周期。

其实，从小米2S降价行为可以看到，小米逐渐显露出来的越来越强烈的进取热情与战意。在2S降价到1 299元后，小米完成了在手机入门市场的全覆盖：699元的红米，1 299元的16G米2S，1 999元的米3。而且在每个价位段，小米的性价比都具备了还算比较明显的比较优势。

限量、价格统一

小米在营销当中发挥了很多传统电子商务的优点。在电子商务中，不论是限量销售模式还是统一定价模式，都已经成为非常流行的营销策略。在传统零售商业范围内，不论是住房、汽车，还是家具、钟表，甚至小到一本书、一支笔，都早已存在限量、价格统一的营销策略。限量销售容易让消费者产生“物以稀为贵”的印象，而统一的价格则让参差不齐的市场有了“全国都一样”的感觉。小米手机将这两种方式结合在一起，进行了大胆创新，从而获得胜利。

从本质上讲，限量其实就是饥饿营销。企业故意利用消费者的思维来控制商品的生产，以此来制造供不应求的假象，不明真相的消费者会认为限量的都是高品质的，争相去抢购这些所谓的“限量版”。对于企业来说，无形之中就将商品的售价和利润率维持到一个很高的水平，从而提升了自身的品牌形象，增加了产品的附加值。

一说到统一定价，不得不提到一个案例：

在20世纪初期，日本人非常流行穿布袜子，有个叫石桥的商人就专门生产这种布袜子。但是，由于品种多样，不同袜子的颜色、号码、用料、价格都有很大的差异。所以经营起来没有统一标准，非常不方便。

某次，当石桥乘坐电车回家时，偶然间发现了一个现象，不论乘车距离的远近，所有的车费都统一为0.05日元。这让他产生了兴趣，将这种定价方式运用到卖袜子当中，不论什么型号、种类的袜子都按照统一的价格来定价，销路必然会更为畅通。当他把这个想法分享给同行的时候，那些人一致反对，认为这样一定会让石桥亏本。但是石桥并没有退缩，而是继续按照自己的想法去做，坚持统一定价。

最后，由于统一的价格对于买卖双方都很方便，所以深受顾客们的喜爱，石桥的行为让布袜子销量迅速增加，占据了市场的大部分份额。

这种统一定价的方式非常简单，相比较多元化的定价方式，企业只需要根据自身的情况来定价，不需要过多考虑外部的因素，甚至不用去考察市场环境的变化和消费者的喜好。这对于企业建立全国统一的品牌形象十分有利。

之所以同时采用这两种营销方式将结合的方式，小米主要从以下几个方面来考虑。

其一，建立和维护自身的产品形象。

由于全国的小米手机定价一致，这就在“米粉”心目中树立了一个统一的形象，不会因为各地的价格不一样而让“米粉”们无法接受，保持这种完整统一的价格体系，便于培养“米粉”们的信赖感，让他们忠实地围绕着小米转。从竞争策略的角度来讲，统一的价格体现了产品的基本定位，尤其是像小米这样质量基本上等于价格的产品，统一的价格更是为其建立了一个较高的定位。在这样的策略下，小米同时又进行限量销售，仍然保持价格不变，对于那些潜在的消费者来说，小米都有所限量，说明卖得相当火爆，一方面价格低，另一方面口碑又好，简直就是“物超所值”。通过这样的策略，小米开始变得家喻户晓，其品牌形象也传播开去。

其二，方便管理，掌握销售渠道。

统一定价使市场规范化运作，避免出现价格参差不齐的现象，消费者购买产品也能得到最大的公平和透明度，像大型连锁超市的连锁经营方式就是采用统一定价策略，不光是价格，连锁经营还需要从人才、资金、管理等方面构成真正统一的品牌体系，另外，统一定价也方便品牌管理。

而限量销售使企业管理在统一的体系下更趋于简单化，通过精准地控制生产量，大大化解了以产品为中心的各项风险。小米手机通过网上商城等多种销售渠道与用户保持了顺畅的沟通，所以用户的需要和反馈能及时地通过这些方式传送到技术中心。与此同时，小米公司及时地将这些信息变成实实在在的服务，以此来灵活应对市场的变化。

其三，激发客户的潜在需求。

限量销售本质上并没有改变商品的价值，但对于消费者来说，却是一个极大的诱惑，它能激发出消费者对于产品的需求，诱导他们购买产品的欲望。因为很多消费者的观念更偏重于追求新鲜、潮流和个性，限量就是要让人产生“物以稀为贵”的感觉，认为限量的产品必然有不同于一般的意义和价值，而这一点正好迎合了大部分人的心理需要，所以，消费者会在“限量”的诱惑下对产品进行抢购，激发了他们潜在的产品需求。

统一的定价在限量销售的基础上给消费者又打了一剂催化剂，更确定了他们对于产品品牌的信任和购买欲望，小米采用这种组合的销售模式，完全抓住了消费者的心理，通过诱导消费者购买获得策略上的成功。

其四，控制窜货，掌握资金链。

企业在价格体系及管理上混乱不堪，就容易造成窜货的现象，这是因为商家为了开拓市场，故意将价格定得比其他区域低，通过低价让新产品获得竞争力进而打入市场，但是这种方式必然冲击到产品最初的价格，在打击竞争者的同时也让自己受到不好的影响。当一种产品存在多种价格的时候，消费者和经销商就不会再买账，销售策略也必然失败。统一的定价从最初就遏制了窜货现象的发生，更不会让混乱的价格影响到产品的销售。

限量销售从根本上保证了产品能够顺利地进入市场，而不需要特意降低价格来占据市场额。小米的抢购方式以限量的策略为主，消费者需要先下订单之后才能获得限量版的手机，这种方式在保证销售额的同时又弥补了企业资金不足的缺陷，达到了融资的目的，可以说是营销方式上的重要创新和成功。

限量、价格统一的组合是小米营销的一大创新，通过组合传统营销的优势而达到自己的目的。小米完整、公正的价格体系，最终实现了对价格和产品销售的有效管理，在此基础上再运用限量等方式促进饥饿营销，不得不说，这确实是非常明智的价格策略。小米一步一步从小市场走向大市场，从年轻人群走向全国甚至海外，都与其成功的价格策略分不开。

心理定价策略引发顾客饥饿

每一件商品都可以满足消费者某一方面的需求。从根本上讲，商品的价值与消费者的心理状态有着非常大的联系，那么针对消费者的各种心理状态，商品生产者就会迎合他们的心理而采用相应的价格策略，不管是下调还是上涨产品价格，都以消费者的心理发展变化为依据，以满足他们的多方面需求，从而培养消费者对于产品的依赖和忠诚度，扩大市场销售额。常用的心理定价方法有尾数定价策略、整数定价策略、声望定价策略、习惯定价策略、招徕定价策略等等，小米最常采用的心理定价策略主要有以下两种：

其一，尾数定价策略。

尾数定价也称“零头定价”或“缺额定价”，也就是说生产者给商品定一个零数结尾的价格，而非整数数字。例如，我们在超市里常常看到定价为9块9的袜子就是一种典型的尾数定价策略，消费者会认为这种价格是经过仔细计算过的，且整体上并不贵，自然心理上就会产生一种占了小便宜的感觉，然后非常愿意接受并信任这种产品的定价。

小米的定价就参考了这种方式，在2011年小米手机最早的产品发布会现场，雷军向现场观众详细介绍了小米手机的各项数据，并突出了其优势，很快便吸引住在场所有人的兴趣。发布会临近结束，雷军在PPT上用了一个极其庞大的数字公布了小米手机的定价：1 999元。这款拥有诸多优势的智能手机以几乎“白菜价”的方式售卖，确实让在座的人瞠目结舌。行内人迅速开始分析这款手机在定价上面的风险，例如利润过低，将阻碍小米在市场运转中的回旋余地；价格竞争力太强，将导致智能手机市场的混乱，并树立更多的竞争者，等等。这些问题都实实在在摆在了小米面前，成为小米继续前进的绊脚石。

然而，事实可能并不如大家所分析的那样。在普通人眼中，一款高品质的智能手机定价一般在3 000～4 000元之间，在发布会现场雷军以特别的方式让人记住了“1 999”这个数字，从此消费者将小米手机永远和1 999元联系在了一起。于是，高性价比成了小米手机的标志，接下来，在微博等社交网络中不断出现类似的话语：“有些缺点也可以容忍”“已经很值了”“不到2 000块钱，别的手机绝对不会这么便宜”……不到2 000元，仅1元之差，就让消费者对这款手机产生了廉价的印象，高性价比成为压倒一切的优势。在最终公布的销售额和利润率等数据中，小米通过这一定价策略获得的成功有目共睹。

这之后所有的产品，小米几乎都采用了尾数定价的策略，小米2售价1 699元，红米售价799元，米键4.9元，每一款产品尾数都是9，让无数的粉丝们以为小米产品是经过详细策划、仔细计算过的产物，所以很容易激发他们甚至那些潜在客户的购买欲望。

其二，招徕定价策略。

这是适应消费者“贪便宜”的心理，将产品价格定得低于一般市价，个别的甚至低于成本，以吸引顾客、扩大销售的一种定价策略。采用这种策略，虽然几种低价产品不赚钱，甚至亏本，但从总的经济效益看，由于低价产品带动了其他产品的销售，企业还是有利可图的。

小米手机质优，价格却明显地低出同档次产品许多，自然会让顾客产生“买到就是赚到”的心理感受。

有奖营销

小米大概也就十来万忠实的用户，但这十来万用户，帮我卖了一千多万部手机。我觉得如果没有他们的力挺，我们怎么还能做到今天呢？我们有非常多的用户跟我们是朋友。

——雷军

奖品：诱导式营销

互联网商业竞争中，为了吸引消费者的注意，企业使出了浑身解数，各种促销活动层出不穷，打折、秒杀、赠送、团购、抽奖等各种手法着实让消费者高兴了一回。当然最令人兴奋的还是免费赠送，这种有奖销售是互联网营销的一种常见方式，是指在商业竞争中，企业会根据自身的现状、所经营产品的种类和特征、消费者自身的需求等各方面信息，以实际物品等形式对消费者进行奖励，从而刺激和诱导消费者对其产品产生兴趣，参与到购买商品的活动中来。

小米在营销过程中也经常使用送奖品的方式，而且送奖品的情况非常多，例如转发小米的官方微博会送奖品，新产品预约送奖品，发布会现场也有奖品相送，综合来说，送奖品有以下几个好处：

第一，加深消费者对品牌形象的印象。

其实，已经接近成本售卖的小米手机完全没必要额外支出免费奖品的开支，这些赠送奖品的活动看似是小米在赔钱，其实不然。在市场经济条件下，企业的所有活动都是围绕着经济效益在进行，电子商务最首要的目的就是要销售产品，而销售不仅仅局限于只是卖出了一件产品，而应该从更广泛的范围去理解，例如品牌建设和市场份额的扩大都是在做营销。那么这种促销和赠送活动当然也属于营销的范畴，它能帮助企业提高知名度，加深公众对产品和企业的印象，有的赠送活动甚至能让一个默默无闻的产品一夜成名。所以，无论从什么角度来讲，免费赠送的奖品都会帮企业赚回消费者对产品的关注度，在顾客得到好处的同时诱导他们对你的产品产生深刻的印象，成为你的回头客。

第二，对品牌起到宣传的作用。

一次赠送活动就像一座桥梁，能够引导很多新的消费者去关注并了解它。尤其是通过网络媒体的推广，此类活动的影响能够迅速扩大，在这个过程中，越来越多的消费者会被吸引进来，或许他们从未听说过你的产品，但是通过赠送奖品，他们首先会被你这种免费的好处和福利所诱惑，进而慢慢才来关注你，一次或者多次的反复活动，消费群会越来越庞大，品牌的口碑就通过粉丝，一传十、十传百散播出去。与广告不同，赠送奖品活动以实际可见的利益吸引牢牢吸引住消费者，他们会主动去了解而非被动接受你的产品和观念。

第三，牵引效果明显，带动其他相关产品的销售。

一般新产品促销就会进行免费赠送奖品的活动，当然这种赠送活动还有许多额外的附加好处，那就是带动相关产品的销售。消费者会非常乐意在企业生产的所有产品中挑选他们喜欢的，而不仅限于最新的产品，这样就能够大大推动企业的其他产品的销售。对于很多活跃的用户来说，他们长久地关注着你的产品，购买目的很强，他们参加这种免费赠送奖品的活动并非就为了奖品而来，而是为了去选购他们想要的那部分产品，这样的活动只是一个契机，了解消费者的商家会充分运用这样的契机推销自己的产品，诱导消费者购买。

所以，每当小米进行有奖销售的时候，不光新产品会成为各大社交网络的热门搜索词，他们同系列的其他产品也会变得热销起来，一次活动就能带动一次大规模的购买行为，所以即使暂时的亏本赔钱，小米仍然要乐此不疲地进行下去。

当然，既然是在做有奖营销，那么在促销产品的选择上，小米也颇费心思。2012年在北京798艺术区，小米手机2和小米一代升级版的发布会上，众多的粉丝和各路媒体齐聚一堂，一起来见证互联网中的一大盛事。小米团队为远道而来的观众们也精心准备了丰厚的奖品，凡是参加发布会的观众都可以免费获得一件小米T恤、一套爆米花同城会勋章、199元小米商城代金券以及优先购买小米2的权利，当然，最令人兴奋的还是一辆价值299元WiFi遥控飞车。丰富又创意十足的产品让粉丝们心生暗喜，因为这些都是大家感兴趣的奖品，且人人有份，这就比那些单纯送虚拟币、送优惠券什么的更为实在。

小米团队设计这些奖品都是跟自己的产品紧密相关的，能够进一步诱导消费者去购买他们的产品。为了实现部分奖品的价值，消费者不得不购买小米的产品。这相当于一种捆绑销售，不过是把产品捆绑在免费奖品上面而已。

为群众让利，带动产品信息传播

亚马逊全球副总裁拜访小米的创始人雷军时，问过他一个问题："你这里有多少用户？"

雷军回答说："跟你说实话，大概也就十来万忠实的用户，但这十来万用户，帮我卖了一千多万部手机。我觉得如果没有他们的力挺，我们怎么还能做到今天呢？我们有非常多的用户跟我们是朋友。"

其实，雷军的这句话已经阐明了一个营销理念，那就是在营销的过程中，要把顾客当作自己的朋友，发展群众，以人带人的方式去进行口碑营销。很多企业的老板其实都知道群众顾客很有力量，但是他们都做不好。

比如脑白金就是一个很好的案例。当年的脑白金大量打广告，如今还在播放，从广告内容看，脑白金面对的是大众，但是却没法得到很好的传播，虽然广告已经做得很大了，在央视不惜巨资打广告。当然，现在已经做到是中国人都知道有脑白金的程度，但是知道归知道，却没法形成口碑效益。于是销量一直没有增加。按理说，全国人都知道了脑白金，销量应该一年比一年好，为什么不行？其原因在于，脑白金没有跟顾客做朋友，口碑上不去。所以顾客没有购买的欲望，没有伸出购买的手。

小米提的口号是"千万别把用户当上帝"，因为中国人很少信上帝，朋友比上帝还亲切。雷军说：“假如把用户当朋友看，你的态度立刻就变了。你无法相信你的手机卖给了你的朋友，然后它坏了，一修修7天。当你把用户当朋友看的时候，所有问题都不一样了。”

你看，这是一个很简单的解释，说明了一个经济现象，不是大众知道就可以销量好，而是大众把你当朋友，你的销量才能好。要做到这点，产品的质量一定要出众，有足够的诱惑力。当然，作为一个企业，盲目地逢迎顾客也是不对的，要做到能吸引有质量的顾客。脑白金在这点上没法做到，它全国撒网，来者不拒，以至于顾客出现了“广告审美疲劳”的现象，于是对脑白金本身也出现了反感的现象，这是盲目拉拢顾客的后果。

小米在选择顾客上很有原则，这点从预售活动上便可以看得出来。小米在乎的是用户的质量，而不是用户的数量。雷军说：“我觉得今天的互联网企业，用户的质量比数量重要。只有你全身心投入做产品，做出口碑来，用户才能喜欢你，成为你的粉丝。”

是的，手机是一个竞争激烈的行业，所以小米选择了做群众的朋友，把更多的顾客变成粉丝。有人问雷军这么一个问题：“你这手机怎么不如苹果，不如三星？”雷军这么回答：“在我认识的人中，基本上大家都不差钱，所以他们不觉得苹果比小米贵3倍，三星比小米贵2.5倍是件事。他会说，你为什么不比它们好？我被问了100次以后，找到了一个答案，我说，假如我比苹果和三星好的话，大概我们公司就值8 000亿美元了。苹果市值为5 000亿美元，三星3 000亿美元，如果我们整个产品，把他们两家都秒杀的话，（小米）公司最少值8 000亿美元，不是40亿美元。所以你不要希望我们每一点都比它们好，这是不可能的。但是我相信我一定在很多方面比它们好。”

“很多方面比他们好”，这句话很有意味，小米营销策略比其他企业都做得好，所以它才敢低价卖，才有大批的粉丝追捧至今。

雷军说过：“小米就是发挥了我党的优良传统做成的。我党最优良的传统是什么，是群众路线——依靠群众，相信群众，从群众中来，到群众中去。其实这就是动员，我一天到晚琢磨说，我创业没钱，也没多少个人，我们怎么动员足够多的人来帮助我们把产品做好。最后全世界的‘米粉’帮我，翻译了25个国家的语言版本，帮我在17个国家建立了办事站，帮我做了1 000套主题，10 000种问答方案；帮助我在我的论坛里发了1.3亿帖，小米论坛今天每天20万帖。我估计在整个互联网上，比我们规模大的应该不多了。我们在互联网上把人民群众全部发动起来。”这是雷军最真实的一段话，小米依靠群众，团结人民力量，以星星之火燎原之势，迅速占据全国市场。

雷军小结说创办小米的几点经验也不多，总而言之，只要把工作做扎实了，就可以把企业做大。

首先，要下功夫把产品做好，用完美主义的精神去把你的产品做好。这是为口碑营销打下基础的唯一办法。

其次，企业要做大做强，就要相信用户，相信口碑。一个忠诚的用户，能给你带来无数的用户。不要盲目地做广告，因为做无效的广告，只是搬起石头砸自己的脚，影响自己产品的口碑。

最后，是把用户当人看，不要把用户当作数字看。因为我们每个人都有可能是用户，只要你下功夫了，用户是买账的。这就是小米群众策略的成功之处。

秒杀，价格营销的一种手段

过去几年我一直提醒自己，人若无名便可专心练剑，所以尽可能不参加会议，认认真真做东西。对我们这么小的公司最重要的是广泛结盟，以开放心态来合作。

——雷军

秒杀，为“饥饿”的顾客带来希望

随着网络购物模式的流行，我们常常在各种购物网站上看到这样的情景：“零元秒杀”“天天秒杀”。我们到处都能看见“秒杀”的队伍，网络上一派“秒杀腾腾”的景象。这种所谓“秒杀”，其本质上是商家的一种促销行为，在商业活动中，商家在互联网上通过发布一些价位超低的产品，以此来诱导消费者的购物欲望，基本上很大一部分的消费者都会在同一时间齐聚在电脑前抢购这件产品，往往一秒内商品就被哄抢一空，所以才被网友们形象地称为“秒杀”。

这几年，秒杀已经被很多商家所运用。在中国每逢商家店庆，或是逢年过节，甚至“双11”“双12”这种商家自己规定的购物节，很多企业都会线上举办一些或大或小的秒杀活动，有人为了秒杀到自己中意的商品，甚至利用秒杀器这种软件来进行抢购。2014年11月11日，阿里巴巴成功实现了“双11”节短短一天内191亿元的总销售额。短短的一天，网友纷纷发挥网购热情，摩拳擦掌秒杀，抢到商品的网民就能享受到更多的优惠，很多淘宝商以各种促销方式来吸引网民购物。这就是秒杀的力量。

为什么秒杀的销售模式能如此疯狂？因为秒杀行为给网友带来的心理上

的成就和满足感往往已经超过产品本身所带来的乐趣。在网民的心目中，秒杀已经成为一种时尚，是新的参与线上活动方式，即便没有抢到自己想要的产品，能参与其中也是一种觉得非常满足。

从另一个角度来讲，秒杀能够为那些渴望尽快买到产品的人带来希望，因为限量销售的策略让很多消费者很难买到自己想要的产品，而那些被商场选出来秒杀的产品在价格上又比一般的产品有更大的优势，这对于消费者来说无疑是巨大的诱惑。这能够促使大规模的用户来参与，对于企业来说不仅是一个非常好的宣传机会，而且一旦将这些潜在的用户发展成为真正的客户，其价值和利润将无法估量。

小米手机的销售过程中也常用秒杀的方式进行促销，每年在小米团队发布新产品之前都会以秒杀方式售卖工程机，尽管工程机还不是正式的销售版，但已经非常接近成品本身。“小米手机工程纪念版秒杀活动”中，工程机的售价仅为1 699元，对于那些早就渴望见到小米工程机的人来说，1 699元的价格相当于买个玩具。这就为秒杀增添了乐趣，很多网民为了购买到手机，于是纷纷参加秒杀。最令人惊喜的是，小米每天都有秒杀活动，一大早起来，QQ会弹出这样的提示：你好，秒杀前100台红米只需1 699元，先到先得。这样很多网民上班首先的任务就是秒杀小米手机。于是，小米往往能做到在短短十几分钟内销售出几十万部手机，小米的市值也跟着水涨船高。

秒杀：营造火爆景象的手段

秒杀，是2009年最流行网络营销方式。其实，秒杀这个词最早是出现在网络游戏中，指在秒钟之内杀死敌人。但是到了2009年，秒杀最多出现在淘宝网店中，其含义是：在有限的时间内销售有限数量的特价商品。在淘宝里搜索秒杀，你可以找到近万件商品，再加上其他一些商城进行的秒杀促销，秒杀确实为2009年最流行的网络营销方式。

秒杀能让很多人变得疯狂，他们疯狂地买东西，跟流行病毒入侵一般，这是自然现象还是商家的预谋？当然是商家预谋。这是一种全新的营销策略。

小米在秒杀营销领域里是玩得最大的商家。不仅如此，小米还在秒杀的基础上增加了预售这一环节，让很多人参与排队秒杀。短短十几分钟，几十万部手机售罄，这是小米经常对外公布的数据，可见秒杀的力量。

但是也有不少商家诉苦道："我怎么就秒杀不起来呢？"

这种秒杀营销，相信很多网上商家都应用过了，但有几个能应用得好的？有秒杀活动，你还得有人来参加，再加上要控制成本，有人专门管理，所以组织一次这样的活动对自己门店信誉的提高作用是很大的。有钱的商家可能真正通过秒杀营销获得很多的客户和更好的口碑，没钱的商家，可能只能做的是按成本价销售，但也一定会带来不错的效应。那么如何更好地应用秒杀营销?

首先，本身网店或商城有一定的信誉和客户群。其次，外部要有一定的量粉丝推广此活动。再则，确实有人买到便宜又好的商品。其四，真正可以的话，可以公布一些秒杀数据，这点小米就做得很好，不断地公布秒杀数据，这样可以增强顾客的信心，让更多顾客为此流口水，为下一次秒杀活动作准备。

网络营销方式千千万万，哪种方式你能应用得好，都会获得好的回报，最流行的营销方式肯定有它独特的魅力，所以商家如果能应用好，那将离成功更近一步。

有一点，我们可以发现，越热门的产品越适合秒杀。秒杀的产品一定不要选择一直无人问津的产品，因为都没有人评价过优劣的产品，是很难让买家对你的产品充分信任的。即使价格低，买家也会因为其用处不大而没有兴趣参加秒杀。所以要选择比较受欢迎、购买人群基数大的产品，最好选择一些人们日常生活中经常用的东西。

还有，充分的准备工作也是确保秒杀顺利进行的必要条件之一。比如，确定秒杀产品的库存，千万不要出现秒杀产品供应不足的情况。同时，店铺中主销产品的库存也要做好储备，毕竟秒杀活动期间是流量的高峰，对店铺的销售拉动是非常重要的；另外，要认真做好产品包装，保证好秒杀宝贝能安全地到达用户手中，让用户有良好的体验才会再来你的店铺网购。最后，秒杀的页面要非常详细地阐述秒杀的规则。而在秒杀前，还需要提前对客服做好相关培训，特别是对秒杀规则一定要明确。

通过研究秒杀营销我们发现，多重促销利于增加客户黏性，所以卖家最好为秒杀产品量身定做促销套餐，参加秒杀的店铺最好能够搭售，或者推荐其他产品，会带来额外销量。秒杀的同时，还可以推出如全店免邮、全店××折、全店“满××就送××”、收藏有礼等相关促销活动，这样，秒杀的时候就能为顾客带来额外的惊喜，带动其他产品销量。

另外，还可以给秒杀活动做一些限制，比如要求购买秒杀宝贝必须是店铺会员等（成为店铺会员必须门槛低）。

总之，秒杀不是目的，而是商家营销的手段。一场好的秒杀活动很可能是让商家翻身的大好时机。全方位地把握，做足准备才能达到秒杀真正的作用。如果你能认真接纳以上的建议，想必定将能在营销上成功实现产品大卖。

小米第4招

网络直销策略——咫尺天涯一线牵

网络直销是随着互联网营销的兴起不断被人运用的，它能为企业节约成本，能更好地把控好顾客。所以我们有必要先来认识什么叫网络直销。网络直销是指生产厂家借助联机网络、计算机通信和数字交互式媒体且不通过其他中间商，将网络技术的特点和直销的优势巧妙地结合起来进行商品销售，直接实现营销目标的一系列市场行为。开展网络直销有两种主要方式：直销企业建立网站直接网络派送和电子直邮营销。

网络直销模式直接通过生产商到消费者手中，没有其他环节的产生，消费者同时也是经营者。也就是说，经营者转移给消费者或使用者。公司只有具备完整的信息流、资金流、物流体系才能帮助自身获得利润。网络直销是经济发展的必然趋势。但是，要做好网络直销模式，需要我们更多的了解网络直销的特性，并掌握其规律。小米有很成功的网络直销模式，它的成功为我们总结出了许多网络直销的经验。本章将带大家一起领略小米的另一个奇特的招数——网络直销。

最廉价、最有效的销售策略——网络直销

我想，我们只有来一次自我的革命，才能实现凤凰涅槃；我们只有打烂所有的坛坛罐罐，我们才会重新变得强大起来。现在，不仅仅需要各位有勇气、有信心，我们还需要有策略。

——雷军

品牌及市场人群，决定其采用网络直销

与传统的营销模式相比，直销更易于降低成本，减少流通环节，而企业也能从与用户的直接接触中获取市场信息，把握市场发展趋向。一说起直销，大家一定会想起安利、雅芳、戴尔等品牌，这些企业直接与消费者进行商品交易，去除了中间的分销商体系。

从1989年长虹发动第一次彩电价格战开始，价格大战就成了许多企业的唯一营销工具。刚开始还能奏效，但随着互联网的发展，长虹电视再也不能单凭价格战取胜了，因为网络营销的发展使得其他一些电器产品迅速抢占了市场。结果这个曾经是市场龙头的电器企业营业额一度下滑。更因为自己发动的一连串价格战，长虹陷入了营销危机之中，一时难于自拔。如今不得不把中国电子百强头把交椅拱手让给了联想，家电品牌价值第一的位置让给了海尔。而联想和海尔能脱颖而出，更多的是因为注重网络营销，不断加强电商合作模式，特别是联想集团，在网上随处可见联想的产品在销售。

在互联网技术还不成熟以前，直销是很多企业不敢面对的事情，因为直销模式往往需要大量的销售人员，如若不然，企业就没法实现直销，只好转包给中间商。但是现在就不同了，随着互联网技术的成熟，电子商务的出

现更增加了企业和用户的亲密性，很多传统企业开始通过互联网进行网络直销，而一些新兴企业也从中发现了商机，直接将互联网作为直销的渠道和工具。互联网无疑是直销的理想平台，越来越广泛地被企业所运用。

如今我们已经很难找到不利用网络营销的企业了，因为市场发生了改变，人们的生活习惯发生了改变，更多人习惯在网上交易，使得很多依靠店铺加盟或者电话销售的企业失去竞争优势。

另外，由于网络直销由于没有中间层层分离的经销体系，消费者可以直接从生产者手上买到最新的产品，且通过网络可以实现进行订货、支付和配送等功能，企业在运营当中更便捷、更高效，也有利于跟顾客的互动。

小米是网络直销的代表性企业，其成功毋庸置疑。比如，2013年10月，小米3开始了第一轮网上售卖，仅用时86秒，小米10万部手机被疯狂的粉丝们一抢而空，现场相当火爆。而国内其他智能手机所采用的销售模式基本上是传统渠道与网上销售相结合的方式，想要达到这样的速度几乎是天方夜谭。作为第一家开展网络直销的智能手机生产商，小米通过完整的直销系统占据市场份额，继淘宝、京东之后成为另一个问鼎国内三强的电商企业。

之所以能够取得这样的成绩，不得不归功忠实的“米粉”们，这群以年轻人为主力的群体，直接决定了小米敢于采用单一的网络直销模式。根据中国工信部数据统计显示，截至2013年3月底，中国共有11.46亿手机用户，并且网购人群年龄分布明显，18到30岁占网购人群的63.4%。所以，针对这些数据，小米在细化手机市场的时候做了许多功课，首先是精准定位年龄层，并将25～35岁这个阶段大致定位为目标客户。因为这些人的经济能力相对独立，又能够接受新鲜事物，消费能力极强，具有个性化和超前性等特点，这正是小米手机所需要的客户。在此基础上再进一步细分，找出那些偏爱将手机作为工具的人群，称之为“发烧友”，比起一般的年轻人，这部分人既能代表手机科技和时尚的最前沿，又能够引导市场趋向，对消费者具有示范作用，会引发群体的跟风效应。

企业开展网络营销时，需要进行准确的目标市场细分和定位。小米此时进行的市场细分和定位的依据是在传统营销的基础上，根据网络这个大市场的特征来决定的。

网络直销，最大限度地降低成本

网络直销的最大创新之处在于是减少了地面店，为企业降低了成本。信息时代和互联网的发展，让不同地域、不同行业的企业之间相互连接起来，网络平台本身就是一种宣传，企业不需要广告，也不需要雇专门的推销员就能通过互联网对全世界展开营销。传统的交通、通信费用在网络时代都将消失，更不用说在网络中传统销售的各种代理、经销。网络是平台，更是媒介，越来越多的传统销售方式将被网络直销击败，甚至取代。

我们来看一个案例，灿坤集团成立于1978年，作为一家享誉全球的小家电专业制造商，其产品畅销世界100多个国家和地区，灿坤电熨斗、烤箱两项产品的年产量位列全球第一，咖啡机的年产量也位居世界前列。灿坤集团拥有遍布全球的国际化研发和管理团队，其股票先后在中国内地、中国台湾及美国三地上市，然而就是这样一家大名鼎鼎的跨国公司，2004年和2005年却在中国内地遭遇了该公司发展历史上前所未有的滑铁卢之败。

2003年6月，灿坤集团在厦门、上海、漳州的5家3C（3C是computer电脑产品、communication通信产品和consumer传统家电产品的简称）零售连锁店同日开张，宣布灿坤正式进军大陆3C领域。在台湾运作的相当成功的3C零售连锁体系引进大陆对灿坤集团具有重要的战略意义，灿坤集团希望以此作为其实施“世界工厂”战略的起点。灿坤雄心勃勃地计划在此后6年时间里在大陆开设1 000家3C连锁店，实现1 000亿新台币的营业收入。

2003年下半年，灿坤在华南和华东地区以每月4家的速度开设新的连锁店，2003年底灿坤在中国大陆的连锁店数量达到了51家，但是，灿坤超常规的发展并没有持续多久，从2004年9月开始，灿坤3C店关店的速度超过了开店速度。2005年7月，灿坤宣布将其在内地的所有门店的固定资产、存货，以1.438亿元人民币的价格整体转让给永乐家电，这标志着灿坤在大陆的3C零售业务的最终失败。

灿坤3C零售业务失败的原因，灿坤管理层认为是连锁店在大陆的过快扩张引起了“水土不服”，业界人士则将其归咎于灿坤不了解内地市场、扩张速度过快、店面选址多有不当以及在运营和销售方面“水土不服”。然而有一种说法却被认为更加准确。灿坤的失败是跟不上日益壮大的网络直销的气候，更多人选择了网络购买的时候，灿坤却大肆开连锁店，导致大量资金匹配不当，最后只好在众多依靠网络直销而成功的企业的挤压下而失败。

小米对这点很清楚，它知道，互联网带给人们最重要的一点是购买东西更为廉价，所以它毫不犹豫地选择了网络直销。

在网络直销的过程中，小米大大减少了流通成本。要知道，小米如果按照传统销售渠道走，那么它得经过几层的流通成本。首先是生产商，然后是多级代理商，最后是消费者，如果按照小米现在的价格，势必会产生更高成本。所以小米选择了网络直销方式。小米知道这个道理，生产商与消费者之间隔着复杂的分销体系，每多一级代理，分销渠道的利润分流就多一层。而企业的产品虽然能增加一部分销量，但自己必然要把这部分的成本算进产品的价格当中，当最后产品到达消费者手中的时候，其价格与真实的价格已经差得很远。

小米的网络直销模式使得自己可以直接将产品送到消费者手中，而不是通过层层分离的代理商，这就无形之中减少了大量流通的成本。比之于线下实体的产品直销模式，网络直销更为简单，生产商与消费者在网络上一对一的交流可以减少销售代表，直接为消费者带来利益，并在商品价格上体现出来。

另外一个不可忽视的地方是传统营销会导致大量的管理问题。小米的网络直销显得更加简单。传统的销售如果做得不够专业，就很容易被市场淘汰，然而专业的销售体系和团队必然需要投入相当大的管理费用，这部分费用自然也会体现在产品上，直接施压于广大的消费者身上。网络直销则可以免去这部分开销，因为它还没有形成比较正式的管理体系，但完善的网络机制能够让消费者自行在网上搜集到自己所想知道的任何信息，他们只需要确认自己需要买什么，然后通过网络下单，直接在家等待收货就行。生产者也只需要确认订单、准备产品，发货就交给专门的物流公司去做。

雷军曾经说过，网络销售模式的创新是小米成功的第二功臣，除了网络本身方便快捷之外，最根本的原因还是因为网络直销能够最大限度地降低成本，为企业营造巨大的利润空间。这点是小米网络直销成功的最大保障。

网络直销，更易于市场观察

网络直销越来越受商家欢迎，特别是网络技术发展起来后，商家开始利用网络技术进行直销。我们看到很多厂家在网上开了网店，他们几乎是跟顾客一对一的互动，这样的销售特点打破了以前企业与个体顾客存在隔阂的困境，开创了全新的销售模式。

安利是国内进入直销模式较早的企业之一。安利每年在中国大陆的销售业绩增长一般都在30%左右，没有大起大落，一直都很有规律。目前，安利在中国的营销额在300亿元左右，其中终端消费者所做的贡献在50%左右。也就是说，终端消费者购买安利产品的费用达150亿，其他为经销商自我消费。这是一个了不起的数字，足于证明直销模式的魅力。

其实，直销的重点是直接面对顾客，直销省去了许多成本，利润高。但是要做好直销，必须有强大的口碑宣传能力。

安利的直销始终把销售直销产品作为企业发展的中心工作，因而在中国有了大批的产品市场。在安利公司，统计的不是直销员发展了多少，而是消费者增加了多少。这就充分说明，安利的确把销售产品给消费者作为整个直销过程的中心环节。有过记者作过这样的调查，当问及“知道哪些直销产品”时，回答“知道安利产品”的人占80%以上。这说明安利的产品已在中国消费者中深深扎根，口碑效应已经做得很成功。总而言之，安利业绩有规律的增长，主要原因是它们有了大批的产品忠诚消费者、大量的口碑相传。

虽然安利很少做网络直销，它做得更多的是线下直销，但是我们还是可以看到直销模式的魅力所在。由于安利做的早，它已经适应了线下的直销，而新兴的技术将线下的直销模式移至网络上，也收到了良好的效果。最为明显的效果莫过于小米。

最初，小米线下一个销售点都没有，也没有中间商插入，小米承诺顾客买它的手机都是工厂直接寄出的，完全直销，而小米也着重做直销的服务环节，比如建立一整套网络直销的渠道，包括预定、发货、付费系统等。当然了，小米为了在营销上得到口碑，还是要注重产品质量，这是哪个研发性质的企业都必须重视的问题，但是小米能把直销做到如此大规模，在中国手机界还是第一次。

2013年10月15日，小米公司新推出的手机产品小米3开始第一轮网上购买。小米宣称10万台小米手机3售罄：用时86秒。这个数据让中国消费者大吃一惊，纷纷惊呼“神速”。

是的，小米依靠网络直销模式，其销售的火爆程度，连春节抢票都赶不上。小米主要通过自己的小米商城来销售自己的手机产品，是第一个主动通过网络直销产品的手机制造商。2013年，小米CEO雷军称：“小米2013年上半年营收达到132.7亿元，小米是继淘宝、京东商城之后中国第三大电商企业。”

资本市场对小米也充满肯定，大家知道资本市场为何对小米如此肯定?这是因为资本市场看中了小米的直销模式的迅速发展。2013年，小米新一轮融资已经搞定，估值为100亿美元。按照这个估值，小米同时收购同是智能手机制造商的HTC和黑莓还有结余。有媒体称，100亿估值和小米的电商身份不无关系，这就是网络直销的价值。

但是，直销不是适应于任何企业。易观智库发布的《2013年第二季度中国手机终端市场监测报告》显示，2013年第二季度中国智能手机市场各厂商份额中，小米仅排第10名，在它前面有三星、联想、酷派、华为、中兴等。联想的市场份额是小米的5倍，华为是小米的近4倍，中兴也是小米的2.5倍。

这些厂商的手机销售主要采用的还是传统渠道，或者以传统渠道、网络销售相结合的方式。和它们相比，小米只通过网络直销的方式就显得有点“非主流”。如果网络直销很占优势，主流厂商为什么不紧跟其后呢?

首先，网络直销面对的是网购人群，用户规模受限。据CNNIC和IDC发布的数据，2013年上半年我国网购用户总数达2.71亿人。而根据中国工信部统计数据，截至2013年3月底，中国共有11.46亿手机用户，这中间有巨大的缺口。并且网购人群年龄分布明显，18～30岁占网购人群的63.4%。

其次，网络直销考验其物流能力。《2013年第二季度中国手机终端市场监测报告》显示，中国手机销量为9 039万部，其中联想占11.1%。这样算下来，联想手机日均销量为11万部。联想集团公布的2013年第一财季业绩显示，联想移动互联及数字家庭产品(包括智能手机和平板电脑)总体营收，占集团季内总销售额的14%。也就是说，如果联想只做手机产品，需要把手机日均销量提高为78万部，才能撑起它108亿美元的市值。虽然说这种计算方式不是很科学，但是起码应该在同一量级上。小米公司现有北京、上海、深圳和成都四个物流中心，其中上海物流中心是最大的，在高峰时期，手机日出货量为2万部。

即使这两方面都没有问题，对于用户来说，看不见摸不着的网上购物总是让人不放心。益普索（Ipsos）2013年对我国1 000名18~50岁有网购经历的消费者调研显示，仅有7%的被访者直接在网络上下单，23%的被访者总是或者经常去实体店体验后再去网上下单。结合前面提到的我国上半年网购用户总数，7%大概有1 897万人。而小米上半年已经售出手机703万部，在没有其他渠道补给下，小米的网络直销会越来越受限。如果是小米是2年前的小米，那么还不用着急，但是现在的小米有100亿的估值，如果发展空间受阻，100亿的估值不是动力而是压力。但是小米能通过直销手段及时掌握市场的信息，也能及时跟顾客进行沟通、互动，所以在网络销售上，小米会举办各种体验式的活动，让顾客在没有实体店的体验的背景下也能得到体验产品的机会。

所以，我们有理由相信网络直销，如果能及时注意提取顾客信息，是能把缺点转化成优点的一种销售模式，因为它能掌握市场信息，更容易观察市场。

是的，网络直销之所以这么受欢迎，是因为网络直销能满足当前企业与消费者的交流水平方面的不足。借助于网络，厂家在网上发布有关产品信息，使用e-mail等工具，能及时实现与顾客一对一的互动交流，有助于顾客了解产品。

另外，企业还可以很容易地获得快速、便宜、易加工的反馈信息，跟踪消费者的需求及其变化情况，根据他们的要求安排生产和销售，避免了传统企业在接到订单之前就已经完成了产品制造的盲目性，使企业能应对消费者的较大的可选择性。利用互联网的交互性，网络直销从过去单向信息沟通变成双向直接信息沟通，增加了生产者与消费者的直接关联。

订货系统的建设

10年前我们看新浪、搜狐、网易都在烧钱，10年之后他们是最赚钱的公司。历史已经证明了互联网模式的先进性。

——雷军

官网，帮助销售与企业管理

在互联网迅猛发展的今天，网上消费已成为习惯，而且消费者网上了解一个企业的信息也成为了习惯，所以企业有必要建立自己的网站。当然，如果你是网上直销类企业，网站就更不能或缺了。一个做网络直销的企业都没有自己的网站是不合理的，顾客没法对你有更多的了解。

小米官网发挥了它应有的作用，这点很重要。时下，很多企业都有自己的网站，但形同虚设，没有半点作用，跟业务一点都没连接上，这点很让人费解。

提起企业网站，很多人都以为建立一个简单的具有展示性能的网站就可以了。但是往往忽略了最关键的一点——营销。其实建立一个企业网站的核心的用途就是如何使用这个网站推进或者推动企业营销，进而实现企业的信息化管理。小米官网的成立，加强了与粉丝的联系，小米用户遇到问题会去小米官网看看。当要了解小米的产品信息时，小米也以官网为准，无疑，小米官网是“米粉”们的购买向导，在很大程度上，为小米的饥饿营销添砖加瓦。比如，小米往往喜欢在官网发布销售额，紧跟着许多媒体开始转载小米官网的信息作为这个行业的一个窗口，为小米的口碑建立起到信息链接作用。

相比之下，很多企业办网站只是将其当作形象工程而已。它们没有意识到，企业网站的诞生，应肩负着自己的功用。一些企业办网站只是认为没有个网站顾客就会看不起它。

小米官网功能齐全，它最大的一个功能是信息发布以及产品的展示。在小米官网上，我们可以看到关于小米的各种信息，而且更新及时。当当在产品更新上就值得很多企业学习，每一个产品都配上参数进行说明，而且提前公布。

很多多媒体广告型官网，主要面向客户或者企业产品（服务）的消费群体，以宣传企业的核心品牌形象或者主要产品（服务）为主。这种类型网站无论从目的上还是实际表现手法上相对于普通网站而言更像一个平面广告或者电视广告，因此用“多媒体广告”来称呼这种类型的网站更贴切一点。但是小米却不是单一性质地做成一个媒体广告型的网站，而是结合了各种功能。在产品展示上，小米向顾客展示的不仅是自己产品的详细情况，还有公司的实力。对产品的价格、生产时间、详细信息等做了最全面的介绍，这是展示自己产品的最直接有效的方式。

在实际应用中很多网站往往不能简单地归为某一种类型，无论是建网站目的还是表现形式都可能涵盖了两种或两种以上类型，小米官网的功能就比较齐全，除了展现产品信息，还能作为电子商务用途，当然也能展示产品信息，以及手机行业的相关资讯。

而小米官网与其他同类网站最大的不同之处在于，小米官网还具备电子商务的功能。它直接面对客户或者企业产品（服务）的消费群体，以提供某种直属于企业业务范围的服务或交易，或为业务服务的服务或者交易为主。

现在，信息产业已成为我国第一大支柱产业，并位居全球第三位。这意味着我国的企业信息化也迎来了前所未有的发展好时机。第四代智能网站的推出为中小企业建站提供了思路，企业可以从实用角度出发，对网站进行“总体规划，分步实施”，既可节省成本，又不影响企业的应用。这种方式已经为大多数中小企业所接受，并渐成热潮。

找适合的网站进行合作营销

企业做网络营销，必须要有网络销售平台，而这些仅靠自己的官网是不可能完全承担的，所以如果想在网上做销售，还是要找些做电商的网站合作。

这是一般意义上的网络营销，但是小米并不那么简单地跟风。最初它没有直接找电商合作卖产品，而是直接自己发货，而且更重要的是采取了预售形式。这样的形式需要专业的电商合作推产品。它们要在自己的网站上为小米做宣传，宣传预购的细节、预购的产品等。

所以在做网络直销之前，我们要构建一个完整的网络营销网络，但是现在这样的网站已经非常普及，没必要再建一个类似京东或淘宝的网站，只要跟这些网站合作即可。但是我们在这些网站上销售自己的产品的时候，要想好怎么销售，怎么跟这些电商网站合作。这就是构建企业的销售网络基础。

大型企业拥有丰富的营销资源，合理利用企业的营销资源，发挥网络营销的最大效果，是大型企业网络营销策略选择的基本出发点。所以，企业要找准自己的合作伙伴。小米在跟一些电商巨头合作的同时，考虑的不仅仅是销售的问题，而是通过销售能否提升网站品牌的问题。相对于中小企业，大型企业的网站品牌更加重要，也更具有价值，因此网站品牌策略是大型企业网络营销必不可少的内容之一。创建和提升网站品牌的途径主要包括搜索引擎营销、网络广告、电子邮箱营销等。如果你的产品受益不到网站的推广，你的产品将安安静静地待在那里，发挥不出网络的优势。

京东、淘宝等大电商常利用电子邮件宣传网站及商品，小米也借鉴了这些电商大腕的做法，以此扩大小米网站影响力。

另外，还有一些网站会帮你做一些促销活动，这样的网站是可以发挥在线促销功能的。小米在网上促销效果是各种网络营销方法的综合应用，多种网络营销方法对促销都有直接或间接的效果，同时也有一些专用的网上促销手段。通用的网络营销策略包括网站推广、信息发布、网站内部广告、大型网站和专业网站的网络广告、电子邮件营销、搜索引擎营销等，专门作为网上促销的方法则包括购物搜索引擎、会员电子刊物、在线优惠券促销等。这些手段最后使网民都知道了小米的销售信息。

当然了，小米也很注重顾客关系和售后服务。小米的贴心服务包括完善在线帮助系统如网站导航、常见问题解答、在线咨询等服务，同时还有从功能上满足网络社区、邮件列表等基本需求，以会员通讯为代表的内部邮件列表，这是维护顾客关系和顾客服务策略的主要手段之一。而小米的撒手锏是，通过“小米之家”直接解决顾客在网上交易产生的各种问题（包括产品质量问题）。小米网站销售人员会直接在销售的过程中与顾客进行互动，了解顾客所遇到的问题，并引导顾客到“小米之家”解决。

小米在建立网站的同时，考虑到了网络直销的问题，于是也配合线下做了各种活动，并在线上给出顾客所提出的问题的答案。这些举措其实都是在为营销做铺垫，如果没有自己的官网存在，相信一切“秒杀”“预购”都是空谈，因为顾客怎么会相信你，怎样去查阅产品的信息？这些都是必须考虑的问题，建立合适的营销网站，是实现网络营销的首要任务。不管怎样，所有的宣传目的其实都是为了构建一个完美的网上直销的环境。所有这些构建是软实力配合的构建。

全线直销，维持消费者的购买习惯

由中国互联网络信息中心发布的《2013年中国网络购物市场研究报告》，从行业环境、发展现状、市场渗透率、用户行为研究、市场热点讨论等多个维度诠释了2013年中国网络购物市场发展态势，分析指出：2013年网络购物市场稳步快速向前发展，彰显巨大的市场潜力。其表现为：一方面，网购交易额在社会消费品零售总额中的占比越来越高；另一方面，网购用户相较于网民的渗透率高达48.9%，增长速度高出网民增速2.3个百分点。为此，电商企业都在珍惜机会，加大对网络购物市场的投入力度。

另外，研究显示，社会化因素诱发消费动机，社会化购买已经发展为消费者网络购物的一种消费模式。社会化因素对网购的促进作用使得社会化网购成为推动网购市场增长的新动力。2013年人均半年度社会化网购花费为1 364元，占半年度人均网购总花费的42.1%。在社会化导购网站中，微博的使用人群所占比例最大，其次是专业导购网站。

2013年中国的电子商务市场趋向成熟发展阶段，增长速度由50%以上到稳定在30%左右，市场发展趋势逐渐由“价格驱动”转变为“服务驱动”。随着智能手机的普及以及购物体验的改善，手机网络购物成为一种流行时尚。目前，网络购物仍然以电脑端为主；预计在相当长的一段时期内，手机与电脑购物互为补充，未来手机对电脑购物呈逐步替代之势，但不会完全取而代之。

所以，企业要做网络营销就要专一地做，不可三心二意，这样会使得顾客购买心理产生犹豫。众所周知，网上营销靠的是网上卖产品，如果你线上有售，线下也卖，价格又没法统一，顾客会觉得线上和线下的产品有差异了。比如，线上的产品一般都比实体店面的要便宜，那么实体店面又何必存在呢？是为了让顾客更多的体验？这是合理的，但并不需要如此多的店面。所以，做网络营销就要坚持把绝大部分的产品放到网上卖，尽可能实现全线直销。这样才能培养顾客网购习惯。

当然，企业网站还要借助其他形式的网站进行配合营销，比如博客营销，就是利用博客这种网络应用形式开展网络营销。博客具有知识性、自主性、共享性等基本特征，正是这种性质，决定了博客营销是一种基于个人知识资源（包括思想、体验等表现形式）的网络信息传递形式。因此，开展博客营销的基础问题，是对某个领域知识的掌握、学习和有效利用，并通过传播达到营销信息传递的目的。

与博客营销相关的概念还有企业博客、营销博客等，这些也都是从博客具体应用的角度来界定描述，主要区别那些出于兴趣甚至隐私为内容的个人博客。其实无论叫企业博客也好，还是营销博客也好，一般来说博客都是个人行为（当然也不排除有某个公司集体写作同一博客主题的可能），只不过在写作内容和出发点方面有所区别：企业博客或者营销博客具有明确的企业营销目的，博客文章中或多或少都带有企业营销的色彩。

如果坚持不懈地进行下去，累积的信息将带来客观的访问量。在这些信息资源中，也包括收集的各种有价值的文章、网站链接、实用工具等。这些资源为企业持续不断地宣传提供了很好的帮助，这样才形成良性循环。

当然，线上营销还需要配合其他网站宣传，小米的秒杀活动就是一个成功的案例。小米跟腾讯合作，每次秒杀，QQ都会在用户每天登录的时候弹出信息，提示顾客进行秒杀。

另外，论坛也是不错的宣传手段，小米借助论坛，每天累积上万条论坛信息，“米粉”们形成了讨论小米手机的习惯，最重要的是找到了讨论小米的乐趣。小米也因此获得了良好的口碑。

小米第5招

营销管理策略——快速反馈的扁平化内部管理

网络营销不仅要在网络上下力气，还要在内部管理上下功夫，因为内部管理牵涉网络营销的效果。部门职能的配合是做好网络营销的保障，当其中一个环节出现问题，很有可能会最终体现在结果上，会影响营销效果。所以，做网络营销的企业，应该在内部做好充分的职能责任，在配合方面要达到一定的默契，这样才能在瞬息万变网络上运作自如。小米的内部管理充分体现了这一点。不管是质量把控、系统研发，还是在网络上的饥饿营销，供求关系都对接得天衣无缝，所以小米才有今天的成功。

本章我们将带读者认识小米的内部管理，领悟学习之，并以此来提高自身的企业管理能力。

改变企业命运的扁平化管理

扁平化是基于小米相信优秀的人本身就有很强的驱动力和自我管理的能力。我们的员工都有想做最好的东西的冲动，公司有这样的产品信仰，管理就变得简单了。

——雷军

扁平化管理的魅力

什么叫“扁平化管理”？“扁平化管理”是相对于传统的等级结构管理模式而言的。传统组织的特点表现为层级结构，即在一个企业中，其高层、中层、基层管理者组成一个金字塔状的结构。但是扁平化管理却不是这样，扁平组织则是指当企业规模扩大时，改变原来的增加管理层次的做法，转而增加管理幅度。当管理层次减少而管理幅度增加时，金字塔状的组织形式就被“压缩”成扁平状的组织形式。

在快节奏的现代社会下，“扁平化”成了现代组织变革的关键词，因为传统的组织形式难以适应快速变化的市场环境，特别是现代信息技术的发展、计算机管理信息系统的应用，使严格意义上的层层汇报的垂直管理不再有效，另外也加速了企业组织机构扁平化的趋势。传统的管理模式造成决策链过长、反应缓慢，为了不被淘汰，就必须选择那些与市场关联度高的部门，分权、授权，使企业集团在规模扩大的同时，组织机构趋向扁平化。

最早将扁平化管理理论付诸实践的是美国通用电气公司。1981年，韦尔奇就任通用公司首席执行官时，通用电气公司从董事长到现场管理员之间的管理层数目多达二十几层。韦尔奇上任后，通过采取“无边界行动”“零管理层”等管理措施，使公司管理层级数锐减至5层，彻底瓦解了自20世纪60年代就深植于组织内部的官僚系统，不但节省了大笔开支，而且极大地提高了管理效率，企业的经济效益大幅提高。

至今，越来越多的迹象表明，随着世界性经济结构的调整、科技的进步、竞争的加剧，在今后的竞争中，企业规模已不再是决定企业最终命运的决定性力量，灵活性和适应性将成为决定企业参与市场竞争成败的关键。特别是随着信息技术的发展、电子商务的出现和知识经济时代的到来，如今企业所处的经济环境已发生了翻天覆地的变化。在多媒体技术、网络传输技术、卫星通信技术、安全加密技术等现代高科技手段的有力支撑下，依靠功能强大的办公软件、营销管理软件等应用软件，能够轻而易举地实现对大量数据信息的集中快速处理，在第一时间内将企业所有高价值信息传递给高层决策者、供货商、经销商与合作伙伴，快速完成决策。

这就从根本上动摇了经典管理理论中“管理层次”论的理论基础，使许多原来仅起到“信息中转站”作用的中间管理层完全成为多余，这在客观上促使许多企业达成了关于推行扁平化管理的共识：即当企业扩大规模时，原来加强管理的思路是增加管理层次，而现在的思路却是增加管理幅度。

运用扁平化管理模式，能形成新模式、组建新机构、改造新流程。变矩阵式管理为扁平化管理，突破次序、等级结构的界线；突破部门和职能职责的界线，变分散管理为集成管理，对企业进行整合。

首先，要构建扁平化的组织。扁平化管理包括三个方面的内容：信息的扁平化、组织机构的扁平化和业务流程的扁平化。组织结构的扁平化只是为扁平化管理提供了一个平台，在这个平台上要不断地进行业务流程的优化，从而为信息的扁平化提供物质载体。

其次，要构建企业内部的信息网络。企业内部信息的畅通是保证一个组织高效运转的必要条件之一。目前，企业的组织一般都是基于职能设立的，因此不可避免地会出现各部门为了自身的利益而各自为战，失去了协同作战的能力。所以，企业在进行组织结构调整的同时，需要建立相应的制度来保证信息网络的畅通。

再次，要构建企业外部的信息网络。随着互联网络的发展，信息的获得多数是通过网络来完成的，信息的获得越来越具有同质性的特点，关键在于谁能及时获得信息，谁就能领先进入市场。

为了对扁平化管理的概念有更为准确的了解，这里需要明确几个基础概念：

一是管理幅度（span of control），是指管理者所管辖的下属人员或部门的数目。人的管理幅度是有限的，有效的管理幅度要取决于各种影响因素。当管理幅度以算术级数增加时，管理者和下属之间可能存在的关系却是以几何级数增加。管理者和下属人员会使管理工作复杂化，而个人的工作能力则是有限的，因而有必要确定合理有效的管理幅度，这是企业组织结构设计的一项重要内容。

二是管理层次（layer of management），是指组织内纵向管理系统所划分的等级。企业内部的组织层次，实际上又是垂直的组织分工，部门化并不是企业内部唯一的组织分工。部门分工与层次分工分别属于企业组织分工的两个不同侧面。组织层次的分工，着重表现出在一定限度内自上而下地行使权力、利用资源以及明确管理职能的过程。组织中各个层次都承担着一定的管理职能。

三是科层结构（hierarchy model），也称“宝塔形”结构，是指一种管理层次较多、管理幅度较小的组织结构。科层制（又称官僚制）是建立在马克斯·韦伯的组织社会学的基础上的，它体现了德国式的社会科学与美国式的工业主义的结合。按照通行的解释，科层制指的是一种权力依职能和职位进行分工和分层，以规则为管理主体的组织体系和管理方式，也就是说，它既是一种组织结构，又是一种管理方式。

四是扁平化结构（flat model），扁平化组织结构的定义是通过减少行政管理层次，裁减冗余人员，从而建立一种紧凑、干练的组织结构。它与科层结构相对应，是指管理层次较少、管理幅度较大的组织结构。

在这几个相关概念中，管理幅度与管理层次呈负相关关系，也就是说，管理幅度越小、越窄，管理层次就越多；管理幅度越大、越宽，管理层次也就越少。科层结构与扁平化结构是相对立的两个概念，代表了管理幅度与管理层次在量化上的此增彼减。

实行扁平化管理，是指通过缩短经营管理通道和路径，扩大经营管理的宽度和幅度，进而提高经营管理效率和市场竞争力。以银行业举例来说，一般是指银行企业在组织结构上二级分行所在地，二级分行与网点之间不再设办事处这一中间管理层次的管理模式。这一模式的选择，可以减少管理层次和中间环节，缩短管理半径，加大银行企业二级分行的直营和集约化经营的力度。

综上所述，我们可以看出，扁平化管理之所以能在世界范围内大行其道的原因主要有三：一是它在技术上已成为可能，这是企业能够扁平化的前提；二是它反映了现代企业快速应对市场变化的客观需要；三是它确实为众多企业带来了事半功倍的管理效率。

由于信息化进程的深入发展必然导致企业结构趋向扁平，所以，我们必须全面认识扁平化管理结构，才能更好地利用信息技术手段使企业组织结构的扁平化调整获得成功，真正做到向管理要效益。

按照管理层次与管理幅度的关系，组织结构有两种形式，即扁平结构和直式结构。扁平结构是管理层次少而管理幅度大的结构，直式结构是管理层次多而管理幅度小的结构。管理幅度小，管理层次和管理人员就要增多，花费的精力、时间和费用都要增加；而扩大管理幅度，可以减少管理层次，所需的管理人员、时间和费用减少，上下级之间信息传递的渠道缩短，可以提高工作效率。

实施扁平化管理不是简单地撤并机构就可以完成的，特别是大型企业的管理关系和生产流程复杂，更需要慎重处理。那么我们如何有效推行组织结构扁平化?

首先，要对管理业务整合和职能调整进行认真的调查和论证。业务流程设计应做到职能设置科学，管理流程短，信息畅通。管理层的机构和岗位设置应做到精干高效、责权对应。

其次，要对作业层进行整合。整合的原则是工艺相近，区域相邻，集散有度，有利管理。

再次，要提高员工素质。由于扁平化的内涵是减少管理层次、扩大管理幅度，因此一定要实行竞争上岗，保证关键岗位上的人员素质。

最后，要周密编制实施方案，特别是企业集团大范围地推行扁平化管理，更应制定好科学、详尽的实施方案。

总之，实施扁平化管理是推进企业信息化的有效途径，可以全面提高企业的管理水平。

小米的扁平化管理原则

众所周知，中国的企业很长时间是产品技术稀缺、粗放经营的状态下运作的。这样的状态往往会出现这样一个问题：事做得多，但效果不好，这是因为管理不当造成的。一周工作7天，一天工作12个小时，结果还是干不好。企业效率降低了，领导就认为雇佣的员工素质低，然后花钱去做培训，但从来没有考虑把事情做少。到底有没有一种高效的管理模式呢？相对而言，小米的管理却不那么繁杂，因为小米一直贯彻扁平式企业管理。

雷军坦言："扁平化是基于小米相信优秀的人本身就有很强的驱动力和自我管理的能力。我们的员工都有想做最好的东西的冲动，公司有这样的产品信仰，管理就变得简单了。"

当然，扁平化管理的原则是：速度成长，速度是最好的管理。少做事是扁平化管理的一个特点，也只有这样才能把事情做到极致，才能快速。

小米的组织架构基本上是三级：七个核心创始人、部门负责人、员工。基层小米不会让团队太大，稍微大一点就拆分成小团队。从小米的办公布局就能看出这种组织结构：产品、营销、硬件、电商，每层由一名创始人坐镇，能一竿子插到底的执行。大家互不干涉，都希望能够在各自分管的领域，一起把这件事情做好。所以小米的执行效率是出了名的高，2012年"8·15"电商大战，从策划、设计、开发到供应链仅用了不到24小时准备，上线后微博转发量便近10万次，销售量近20万部。

小米的职位安排也很独特，除七个创始人有职位，其他人都没有正式职位，晋升的唯一奖励就是涨薪。不需要你考虑太多杂事和有其他杂念，没有什么团队利益，一心扑在事情上。

这样的管理制度减少了层级之间互相汇报浪费的时间。小米现在2 500多人，除每周一的1小时公司级例会之外很少开会，也没年度总结会。成立3年多，总共只开过3次集体大会。

小米创始人雷军说："我第一定位不是CEO，而是首席产品经理。80%的时间是参加各种产品会，每周定期和MIUI、米聊、手机硬件和营销部门的基层同事举行产品层面的讨论会。很多小米公司的产品细节，就是在这样的会议当中和相关业务一线产品经理、工程师一起讨论决定的。”

从小米的内部管理特点看，这些管理模式正是讲究效率的扁平化管理模式，他们集扁平化管理的优点，做到了最大限度的效率。它较好地解决了等级式管理的“层次重叠、冗员多、组织机构运转效率低下”等的弊端，加快了信息流的速度，提高了决策效率。也就是说，扁平化管理模式的特点，是精简了管理层次。

当然，扁平化管理也有其缺点。由于实行“面对面”的管理，大量的数据和管理信息的交流只能在决策者和所面对的管理部门之间进行，而部门与部门之间的信息资源的交流及相互调用亦只能通过决策者来进行。此时的决策者在扁平化管理平台上的主要“功能”只起到一个“数据库”（存储和交换信息资源）的作用，无法集中有限的精力去研究企业的市场对策和企业发展的战略问题。面对企业内部各种管理信息流（资金流、物资流、计划流……）的迅速汇集，决策者如何把握时效，有序整合相关的数据，合理配置企业资源，提高决策效率，这是实施扁平化难点所在。

小米在实行扁平化管理时，有效地通过缩短经营管理通道和路径，扩大经营管理的宽度和幅度，进而提高了其经营管理效率和市场竞争力。

小米这一管理模式，从根本上动摇了经典管理理论中“管理层次”论的理论基础，使许多原来仅起到“信息中转站”作用的中间管理层完全成为多余，这在客观上促使小米推行“扁平化管理”：即当小米扩大规模时，原来加强管理的思路是增加管理层次，而现在的思路却是增加管理幅度。

总之，信息化进程的深入发展必然导致企业结构趋向扁平，所以，必须全面认识扁平化管理结构，才能更好地利用信息技术手段使企业组织结构的扁平化调整获得成功，真正做到向管理要效益。

扁平化管理背后的参与感

不同的年代有不同的营销条件，雷军说过一句话：“顺势而为。”不同的年代采用不同的营销手段，这正是雷军的智慧。

回想一下，在物资匮乏的年代，人们追求商品的心态是怎样的？那时候，当用户要买一块手表的时候，这块手表是上海牌还是北海牌都不重要，重要的是它能准确看时间，也就是说，只要商品能满足生活的基本需求即可。但是，随着社会的发展，商品的日益丰富，广告行业的崛起，品牌成为商品世界的核心因素。

摩托罗拉、爱立信发明了手机。在2000年前后，诺基亚以“科技以人为本”为理念的全球化品牌运作，让诺基亚品牌深入人心，超越了摩托罗拉、爱立信，在消费电子产品领域取得了前无古人的市场占有率。你敢说诺基亚比摩托罗拉的信号接收能力强吗？好像都差不多，但人们愿意选择诺基亚却不愿意选择摩托罗拉，原因就在此。因为诺基亚有了品牌的影响力，说明白一点，那就是诺基亚给了消费者心理上的慰藉、心理上的满足。所以消费者愿意多出一点钱购买诺基亚也不愿用更少的钱购买摩托罗拉，况且当时人们的生活已富足起来，也不在乎那点钱了。

社会的发展使得品牌概念在中国大地上铺天盖地地蔓延起来。在品牌运作最疯狂的年代，以保健品和白酒行业最为突出，但是，这个年代很快就过去了，人们再也不相信那点心理上的慰藉了，人们更注重的是体验。于是出现了体验式的营销概念。所以，诺基亚适应不了，一下从这个体验式消费的年代销声匿迹了。

自从苹果手机在中国内陆出现之后，中国手机界开始掀起了一股“体验风”。但此前这些都仅限于在苹果店面里体验已经生产出来的机子，这已经算是体验了。直到小米的出现，小米把体验升级。为了让用户有更深入的体验，小米一开始就让用户参与到产品研发过程中来，也包括市场运营。“参与式消费”，正好满足了用户这种全新的消费心态，因而让小米在市场中大获全胜。

让用户参与，能满足年轻人“在场介入”的心理需求，激发“影响世界”的热情。于是小米一时间成为千千万万人争相参与的手机品牌，市场份额一下占据了半壁江山。

如何构建参与感

构建参与感，就是把做产品、做服务、做品牌、做销售的过程开放，让用户参与进来，建立一个用户可触碰、可拥有，和用户共同成长的品牌。

构建“参与感”有三大战略和三大战术。三大战略是“做爆棚、做粉丝、做自媒体”；三大战术是“开放参与节点、设计互动方式、扩散口碑事件”。

“做爆棚”是产品战略。产品规划某个阶段要有魄力只做一个，要做就要做到这个品类的市场第一。产品线不聚焦难于形成规模效应，资源太分散会导致参与感难于介入。

“做粉丝”是用户战略。参与感能扩散的背后是信任，是弱用户关系向更好信任度的强用户关系进化，粉丝文化首先让员工成为产品品牌的粉丝，其次要让用户获益。功能、信息共享是最初步的利益激励，所以我们常说“批评也是一种参与”，其次是荣誉和利益，只有对企业和用户双方获益的参与感才可持续。

“做自媒体”是内容战略。互联网的去中心化已消灭了权威，也消灭了信息不对称，做自媒体是让企业自己成为互联网的信息节点，让信息流速更快，信息传播结构扁平化，内部组织结构也要配套扁平化。鼓励引导每个员工、每个用户都成为“产品的代言人”。做内容运营建议要遵循“有用、情感和互动”的思路，只发有用的信息，避免信息过度，让每个信息都要有个性化的情感输出，要引导用户进一步参与互动，分享扩散。

“开放参与节点”是把做产品、做服务、做品牌、做销售的过程开放，筛选出对企业和用户双方均获益的节点，这样参与互动才可持续。开放的节点应该是基于功能需求，越是刚需参与人越多。

“设计互动方式”根据开放的节点进行相应设计，互动建议遵循“简单、获益、有趣和真实”的设计思路，把互动方式要像做产品一样持续改进。2015年春节爆发的“微信红包”活动就是极好的互动设计案例，大家可以抢红包获益，有趣而且很简单。

“扩散口碑事件”先筛选出第一批对产品最大的认同者，小范围发酵参与感，把基于互动产生的内容做成话题，做成可传播的事件，让口碑产生裂变，影响十万人百万人更多地参与，同时也增强了用户参与的成就感，让参与感形成螺旋扩散的风暴效应。

扩散信息的途径一般有两种，　是在开放的产品内部就植入了鼓励让用户分享的机制，类似2013年现象级的休闲游戏“疯狂猜图”和“找你妹”就做得非常好，每天都有几十万条信息是从产品里简单地分享到微博微信等社会化媒体里；二是官方从和用户互动的过程中，发现话题，并依此来做专题的深度事件传播。

为什么在相同的方法下，不同企业得到的效果差别会这么大？还有，很多参与感的活动做了几次就无法持续，究其原因主要是只照搬战术而没有从战略上深度思考。战略是坚持做事的原则，战术是执行层面的如何做。对于外界而言，战略常如冰山底层看不见，战术则只是冰山之一角。

小米公司成立5年来，参与感在实践中的深度和广度都在不断提升，它已不仅仅局限于产品和营销，而是全公司的经营。小米为了将参与感融入每一个员工和用户的血液做了很多尝试，员工和用户体验了乐趣，也带给了公司许多有价值的建议。

小米的团队在内部完整地建立了一套依靠用户的反馈来改进产品的系统。小米没有KPI（关键绩效指标）和考勤制度，工作的驱动并不来自于业绩考核，也不是基于老板“拍脑袋”，驱动力都是真真实实地来自用户的反馈。

《消费者王朝》的作者、“核心竞争力”理论创始人普拉哈拉德曾经说过：“‘公司中心’型创新方式已经消亡。相反，消费者正凭借独一无二的个人经历在创造价值的过程中发挥着越来越大的作用。”因此，现代企业必须建立起新的组织架构才能适应其现实需求。

“参与感”意味着消费需求发生了一次关键的跃迁，消费需求第一次超出了产品本身，不再囿于产品的物质属性，更多延伸到社会属性。

鲜为人知的秘密武器

小米团队是小米成功的核心原因。当初我决定组建超强的团队，前半年花了至少80%的时间寻找人才。

——雷军

营销之谜：是什么让小米有了速度

小米，有着太多神奇的话题了，它被定义为一家史无前例的公司，但它却在史无前例的争议和谩骂声中成长壮大。一个转折点是2013年4月9日“米粉”节，雷军首次宣布小米营收：2012年，小米销售手机719万台，实现营收126.5亿元，纳税19亿元。真金白银的数字引发了广泛的震撼，也让小米此前40亿美元的估值真正落在地上，小米模式也引发了手机业广泛的跟风。也有风投说，这3年，唯一看错的公司就是小米。

事实上，小米的逆袭让很多人感觉匪夷所思。这不是一个公司的故事，而是一个新的生存法则，一个用互联网思维改造传统企业的全新玩法。

按照雷军的说法，他这是“顺势而为”。的确，小米“神一样”的发展速度有运气的成分，比如2010年赶上了微博“大爆炸”的黄金时期；2011赶上了智能手机更新换代的大浪潮以及互联网电商爆发式增长的顺风车。但是，“站在风口的猪”绝不是小米10倍速成长的真正秘密，在小米内部看来，“顺势而为”以及由此引申的“专注、口碑、极致、快速”是这家公司实现成功的秘密武器。

经过笔者半年的调查发现，在外人看来，小米有硬件、软件和互联网的“铁三角”；深入内部，小米也有个鲜为人知的“秘密三角”：“扁平化”“用户扭曲力场”[1]“产品尖叫”。

前面我们介绍了小米内部管理的扁平化管理模式。Kent以前是百度的一名技术主管，在他看来小米和百度的差异，最大的差别是速度。这得益于组织扁平化，但如此扁平化，小米竟然没有KPI（关键绩效指标）。

维持扁平化加速度的第一源头是小米的8个合伙人。以前是7个，雷军是董事长兼CEO，林斌是总裁，黎万强负责小米的营销，周光平负责小米的硬件，刘德负责小米手机的工业设计和供应链，洪锋负责MIUI，黄江吉负责米聊，后来增加了一个负责小米盒子和多看的王川。这几位合伙人除了理念一致，大都管过超过几百人的团队，更重要的是都能坚持到底地执行。从小米公司大本营的办公布局就能看出小米的组织结构，每层由一名创始人坐镇，大家互不干涉。

雷军的“有人排队的小饭馆理论”是支撑这种扁平化的核心理念。在内部，他们统一共识为“少做事”。少做事，才能把事情做到极致，才能快速。最典型的例子就是2012年“8·15”电商大战时所做出的迅速反应。从8月15日早上10：30决定参加电商大战，准备降价，从策划、设计、开发到供应链仅用了不到24小时准备，第二天早上8：00就上线了，上线后微博转发量近10万次，手机销售量将近20万部。

雷军说过：“小米团队是小米成功的核心原因。当初我决定组建超强的团队，前半年花了至少80%的时间寻找人才。”在创办的5年的时间里，小米团队从14个人扩张到约400人，整个团队平均年龄33岁，几乎所有主要的员工都来自谷歌、微软、金山、摩托罗拉等公司，拥有5～7年以上的工作经验。

创业初期，小米公司很长一段时间不公开其真正目标，作为2010年前后的一个看起来貌似做安卓 APP的公司，想招募到顶尖人才的难度可想而知。雷军说：“如果你招不到人才，只是因为你投入的精力不够多。”雷军每天都要花费一半以上的时间用来招募人才，前100名员工每名员工入职雷军都

[1] 用户扭曲力场：是指小米利用用户的反馈信息，进而对小米进行修改。可以说，这个力量是来源于用户的，而这是一定能扭曲小米原先的设计的，所以这样的力场被小米称之为“用户扭曲力场”。正是有了这样的力场，小米才能不拘泥于公司内部设计，遵循用户的需求。

会亲自见面并沟通，平均一个硬件工程师被“面试”了整整12个小时。

小米给员工的另一笔隐形激励是粉丝带来的荣誉感，这也是小米粉丝文化产生的作用。小米员工说，自从做了小米手机以后，感觉到自己是重要的，这给小米员工精神上很大的鼓励。

小米速度的另外一个源头是透明的利益分享机制。小米公司刚刚成立的时候，就推行了全员持股、全员投资的制度。小米公司的一个理念就是：要和员工一起分享利益，尽可能多地分享利益。

扁平化、办公自由也是基于小米相信优秀的人本身就有很强的驱动力和自我管理的能力。当然，这一切都源于一个前提——成长速度。换句话说，速度是最好的管理。

2011年5月底，开始筹备小米手机的发布时，黎万强接下了小米手机的营销重任。雷军对黎万强说：“你做MIUI的时候没花一分钱，做手机也希望如此。”在“零预算”的前提下，黎万强首先建立了小米手机论坛，2011年中期，借鉴MIUI论坛，手机论坛迅速建立起来了。在小米论坛上，有几个核心的技术板块：“资源下载”“新手入门”“小米学院”，后来也增加了生活方式的板块：“酷玩帮”“随手拍”“爆米花”等。

和其他技术论坛不同的是：小米论坛有一个强大的线下活动平台——“同城会”，目前已经覆盖全国31个省市，各同城会会自发做活动。小米官方则每两周都会在不同的城市举办“小米同城会”，根据后台分析哪个城市的用户多少来决定同城会举办的顺序，在论坛上登出宣传帖后用户报名参加，每次活动邀请30～50个用户到现场与工程师做当面交流。

在“零预算”之下，黎万强发力的第二个推手是微博。他带领的营销团队能够很快速地去理解微博上这种以图片、视频为元素的事件型传播点，同时像做产品一样进行精细化运营。

论坛和微博营销也是很多公司的常规武器，但是，小米却基本放弃传统的电视广告、户外广告等强势渠道，把“论坛+微博”等新营销工具变成了杀伤级武器。小米打的是“只为发烧友而生”的牌，貌似一个小众品牌，但事实上它已经成为一个三四线城市用户都熟知的大众品牌。

小米营销管理有“三斧”

小米的成功也得益于营销管理的三把“斧”。

第一把“斧”是制定新营销战略。不是“试验田”，而是“主战场”。因为没有预算，只能选择社会化营销的手段。很幸运的是，小米搭上了一个大的顺风车，2010年正好是微博“大爆发”的时候，小米迅速抓住了这个机会，并将其变成品牌的主战场。从小米营销网络的组织架构上，你能看到这种战略，小米营销网络中的新媒体团队有近百人，其中包括小米论坛、微博、微信、百度、QQ空间等地方的人员配备。

第二把“斧”是做服务。小米认为客服不是挡箭牌，客服就是营销。小米论坛是这种服务战略的大本营，微博、微信等都有客服的职能。小米在微博客服上有个规定：15分钟快速响应。为此，还专门开发了一个客服平台做专门的处理。特别是在微博上，不管是用户的建议还是吐槽，很快就有小米的人员进行回复和解答，这让很多用户倍感惊讶。

小米还有一个全员客服的理念，鼓励大家真正近距离地接触用户。从雷军自己做起，他都会每天会花一个小时的时间回复微博上的评论。包括所有的工程师，是否按时回复论坛上的帖子是工作考核的重要指标。

第三把“斧”是涨粉丝。小米涨粉丝的秘密武器就是事件营销。小米在微博上做的第一个事件营销是“我是手机控”，从雷军开始，发动手机控们晒出自己玩过的手机，这种十分吸引粉丝的方法大概吸引了80万人参与。而最有影响的案例是“小米手机青春版”。2012年5月18日，小米发布简配版手机，定价为1 499元，限量15万台，主打校园人群，小米启动了一个很奇怪的主题叫“150克青春”，噱头十足。

高潮环节是小米团队拍的一个微视频，当时《那些年我们追过的女孩》正火，雷军等人参照那个风格拍了一系列的海报、视频，话题感十足。为了刺激转发，小米下了一个狠招，这个招数在小米的所有事件营销里屡试不爽，就是有奖转发送小米手机，当时是3天狂送36部小米手机。最后的战果是，“小米手机青春版”话题微博转发量达203万次，小米官方微博涨粉丝41万人。

靠这种拉粉丝手段，小米在微信上做得也是风生水起，4个月做到100多万粉丝。由此，小米也建立了一个粉丝矩阵。小米论坛有700多万个粉丝，小米手机加小米公司的微博粉丝有550万人，小米合伙人加员工的微博粉丝有770万人，微信有100万人。这些可精细化运营的粉丝，支撑了小米的营销神话。

这在小米式营销的操盘人黎万强看来，他有另一个词汇解释这一切："用户扭曲力场"，即让用户有深入的参与感，可以持续改进小米产品。扭曲力场是《星际迷航》里的一个术语，外星人通过极致的精神力量建造了新世界。苹果的员工曾用"现实扭曲力场"来形容乔布斯。

也可以说，"米粉"通过极致的精神力量建造了小米的世界。在小米内部调研发现，不管是质量、技术、营销、运营，也都把"米粉"当作第一原动力。小米构建了一个用户扭曲力场的金字塔，塔基是广大的用户。他们从微博、微信、事件营销等跟随参与小米的活动，介入不深，但却是一个强大的跟随者群体。金字塔的中间则是"米粉"，这是一个关键的群体。小米能成功的另一大原因也有赖于强大又忠诚的"米粉"支持。在小米成立之初，雷军制定了三条军规，其中最重要的一点就是"与'米粉'交朋友"。

那么，如何能让"与'米粉'交朋友"落到实处，而不是一句空话呢？

在这方面，小米学习的是海底捞。就是把"与'米粉'交朋友"变成一种文化，变成一种全员行为，甚至赋予一线以权力。比如，小米给了一线客服很大的权利，在用户投诉或不爽的时候，客服有权根据自己的判断，自行赠送贴膜或其他小配件。另外，小米也非常重视人性化服务。曾经有用户打进小米公司电话说，自己买小米是为了送客户，客户拿到手机还要去自己贴膜，非常不方便。小米公司把这个都考虑到了，于是在配送之前，小米的客服在订单上加赠贴膜，这位用户很快感受到了小米的贴心。

很难想象，在小米1年700万部手机销售量里，买了2～4部的重复购买用户占42%。饥饿式抢购一度是小米粉丝制造的一种独特的现象，狂热的"米粉"就是制造了一个如此强大的扭曲力场。

让“米粉”尖叫的产品

雷军创立小米时，对过去的金山模式有过深入的反思。其中一个最重要的反思就是设计产品的思维。

在小米公司，雷军的第一定位不是CEO，而是首席产品经理。雷军不喜欢开管理会议，小米公司现在2 500多人的规模，雷军在整个公司的管理上却只有每周1次、每次1小时的公司级例会。雷军80%的时间是参加各种产品会，每周都会定期和MIUI、米聊、硬件和营销部门的基层同事坐下来，举行产品层面的讨论会。

在产品设计的思维上，雷军确定的方向是“让用户尖叫”的口碑产品。雷军说，“口碑的真谛是超预期，只有超预期的东西大家才会形成口碑。”

小米手机一代为了制造“用户尖叫”，下的最大功夫就是高配低价，但是，为了实现这个“尖叫”，雷军预估的困难是200%，而实际上的困难是1 000%。2010年，小米团队面临的最大难关是在供应链的信任和支持，找不到好的元器件供应商，当时正赶上智能手机的换机潮，求着供货商才能拿到一些资源。尽管雷军在互联网界颇有名气，负责小米硬件的周光平曾经是摩托罗拉的高管，人脉颇广，但对于做硬件的人来说，大家都觉得小米的硬件不够强。从2010年9月底到12月底，小米跟芯片商高通的谈判才初战告捷。高通选小米的一个重要原因，也是赌一下互联网手机这种新的模式。为了拿到夏普液晶屏的供给，花了很多时间沟通，小米是日本东北地区地震之后第一个去拜访供应商的中国公司。小米去了三个创始人，雷军亲自带队，外加总裁林斌和负责工业设计和供应链的刘德，但最终打动夏普公司的是小米那种无论如何都想把手机做好的信念和魄力。

过了供应链这一道关，第二道关是生产关和品质关。小米手机的加工线是给苹果组装iPad的英华达，生产供应链都要有爬坡的过程，工人需要熟悉新流程，如何能从一开始就保证小米手机的良品率成了小米最关心的问题。10万台卖出去，品质不出大问题，就可以生产100万台了。

但对用户而言，他们的“尖叫点”更多来自视觉化元素，比如个性主题、百变锁屏和自由桌面。

有人说，MIUI已经变成了移动互联网的另一个入口。这个入口已经成为小米新的营收来源，目前MIUI的月营业额已经突破1 000万元。

这就是雷军所说的互联网手机的几大要素：（1）在制作上，按做电脑的方式做手机，以高性能、高性价比为核心，在硬件上接近成本定价；（2）在软件上，利用互联网的手段让用户一块参与打造产品和提升用户体验；（3）在销售渠道上，减掉中间环节，以电商渠道为主。

在黎万强看来，小米产品的秘密，首先是战略，这就是互联网手机。对于互联网手机，大家最直接看得到的是小米通过互联网开发操作系统，以互联网渠道为主发售。实际上，这个新品类的背后还有一个更深的层次，产品形态也发生变化了，小米手机是智能的。另外就是商业模式的变化，小米坚信未来的硬件肯定是按成本定价，硬件不是未来赚钱的方向，未来的方向是软件和增值服务。

从这个角度来看，互联网手机和智能手机是两个不同的级别，智能手机的核心还是手机，而互联网手机的重点则是互联网。

在小米之后，出现了大量的互联网手机模式跟风者，他们能模仿小米吗？对于那些想通过互联网实现自我升级的传统企业，他们能借鉴小米吗？

他们的最大难题不在硬件，也不在软件，而是小米这种粉丝参与用户体验的产品经营模式。

互联网公司的游戏规则是“得产品经理得天下”，雷军把这种产品经理方法引入到手机领域，产生了摧枯拉朽的力量。事实上，小米刚开始做手机时，HTC的G3给了他很大的启发，但是，雷军用产品经理思维去看，G3还是在用工程师思维做事，做东西不够精细。这种产品经理思维做产品也是小米早期最大的底气之一。

雷军是小米最大的产品经理。他设计小米的风格都是按用户品位去设计。在内部，雷军的产品方法论就一句话——“要把用户当朋友，不要当上帝”。雷军要求所有员工，在朋友使用小米手机过程中遇到任何问题，无论硬件还是软件，无论是使用方法或技巧的问题，还是产品本身出现了Bug，都要以解决问题的思路去帮助朋友。

为了让工程师拥有产品经理思维，小米采取了反常规的办法。和许多公司都禁止开发人员上网聊天什么的不同，小米公司从一开始就鼓励，甚至要求所有工程师通过论坛、微博和QQ等渠道和用户直接取得联系。让工程师们直面每一段代码成果在用户面前的反馈。当一项新开发的功能发布后，工程师们马上就会看到用户的反馈。

雷军有一句话才是小米神话背后的秘密。他说："小米销售的是参与感。小米的出发点很简单，我们有一个极其清晰的定位，就是聚集这么多人的智慧做大家能够参与的一款手机。这种荣誉感是他们推销小米很重要的动力。"换句话说，有上百万的粉丝免费做产品经理，做用户体验评测员，这是一股多么强悍的力量。就如互联网革命最牛的思考者克莱·舍基在《认知盈余》中所说，所谓"领先用户创新"，并不是由产品的设计者，而是由该产品最活跃的使用者来推动的。

小米这个移动互联网企业的战车还在高速前进。小米的野心不仅在手机领域，它希望用互联网的方式重塑消费电子产品。但是，小米依然面临巨大挑战。一方面，一些手机大厂商，像三星、华为、联想都在小米赖以发家的高性价比上发动强力进军；另一方面，打着互联网手机概念的小山寨产商，扎堆出现，很难说会不会冲出一匹黑马。

不过，在我们看来，小米作为互联网手机这一品类的开创者，最大的敌人不是对手，而是能否持续生产高性价比的产品。这对所有擅长以用户体验取胜的公司而言，都是一个魔咒，即便是苹果公司也难逃脱。

小米第6招

售后服务策略——坚守传统与出奇制胜

售后策略是很多以销售为主的企业比较关注的问题，商家都知道，只有保障顾客购买产品后用得放心，产品的口碑才能源远流长。为了达到这点，商家纷纷出台售后服务，比如售后三年保修，或者送货上门之类的售后服务。反正花样层出不穷，目的就是为了给顾客留下一个美好的印象，以此带动更多的顾客再次购买。

但是，在网上做直销的企业如何去做好售后？仅仅是做好服务就行了吗？在营销上应该如何宣传？如何把握好销售与售后服务的关系？本章将带读者们领略小米的售后奇招，并通过小米的案例掌握一些售后常识。

全国联保的售后服务

签约售后服务点后很重要的工作是监管第三方服务，使得这些签约点在服务小米手机用户的同时，既保持低价也保证优良的品质。

——雷军

1小时修不好免费换手机

小米手机以不错的性价比，受到了很多消费者的青睐。有时候早晨挤地铁，不经意抬头一看，你会发现，身边几个人都在用小米。在此不得不承认，小米有一套自己的营销。小米的影响力越来越大，但是名气响了之后，售后服务能否跟得上，也是对小米的一次严峻的考验。

其实，好的售后服务一直是好口碑的最大保障，如果售后服务不好，会导致大批粉丝因为售后产品出现问题而最终对之失去信心。

日本佳能公司就出现过这样的问题。

佳能的某款照相机在中国大陆销售。在销售过程中，顾客使用后，屡见照片中出现斑点，顾客拿着相机到佳能照相机售后服务站进行交涉，佳能售后服务人员一次次找理由推脱责任，始终把问题归结为顾客使用不当，草草处理后，就把相机还给顾客，也不对顾客进行赔偿。但是问题却没那么容易解决，出现同样问题的顾客越来越多，售后服务开始变得尖锐起来，最后出现顾客集体签名声讨日本佳能电器的事件。

新闻大肆报道，最后该款佳能照相机不得以退出了中国市场，佳能公司还不得不给予顾客赔偿，这宣告新开发出来的佳能照相机的失败。

以上的案例是一个活生生的教训，这样很多企业开始重视售后服务这一环节，小米也不例外。小米的售后服务可以说是一个尖锐的话题，一直以来，网上对小米的骂声不断，小米大力推出各种售后服务策略后，“小米之家”才真正成了小米顾客的“家”，甚至，小米还承诺，“1小时修不好免费换手机”，这无疑在心理上安慰了小米的顾客，于是小米手机抢购热潮后依然延续抢购的势头。

在售后方面，小米着重从三个方面努力，以此来应对“放大镜经营”环境（“放大镜经营”的内容在下一小节有详细解说）。第一，建立了400个客服座席；第二，建立了26家“小米之家”；第三，建立了覆盖220个城市的388家维修店。

谁都知道，口碑是把双刃剑，在这样的环境下求生存求发展，是一件十分不易的事情，也是所有以前手机终端厂商未曾遇到的问题。小米的口碑是怎么做到的，最重要的是小米想明白了什么东西有口碑，超乎客户预期的才有口碑。在这样的口碑下也容易有负面的评价，坏事传千里，所以怎么在放大镜下经营，怎么在所有人的质疑声中经营，这是最大的难题。

所以，小米非常注重售后服务，尽管刚开始时骂声一片，但是小米还是坚持不断地扩大售后服务的影响力，目的只有一个，赢得口碑上的好效应。

我们来看一个关于小米的售后服务的案例，你就知道小米是如何做售后服务的。

梁辉是小米的一位顾客，他此前购买了一款小米1S手机，不慎落水之后，结果无法开机。于是乎，他经历了一段小米的维修经历。

梁辉通过网上查询到附近有“小米之家”，于是他将手机送到这个本地小米特约维修点。梁辉在维修店做了简单的手机档案记录，工作人员很快查看到手机的购买时间、顾客名字以及手机型号，甚至谁把手机送到梁辉手上的。工作人员全面查看了手机，最后确定是主板被烧坏了，是由于手机进水后导致主板线路短路。虽然这个行为是梁辉自己不小心造成的，小米方面并没有维修的责任，但是工作人员给梁辉做了一个维修方案，这个维修方案是维修成本最低的方案，总共只需要支付25元。梁辉对这个维修方案非常满意。

当然，有时候小米的配件库存是有限的，“小米之家”往往因为缺货而无法完成所有小米顾客的要求，于是维修人员不考虑整体更换主板，而是用简便的方式更换了主板的某个零件。短短20分钟后，梁辉的手机恢复动力，再次运作起来。之后梁辉继续使用小米手机，1年都没有出现任何问题。这1年当中，梁辉也购买了小米的新软件，光是消费软件就让小米得到了500多元的利润，更不要说梁辉还积极购买小米推出的网络服务。这是小米售后服务中的普通例子，同时也是赢得口碑的一个案例。

相比之下，其他手机品牌却做不到这样，其他品牌手机往往只在乎售机利润，欠缺了其他模式的利润结合。同样是梁辉，过去一年前，他购买了一款手机，该手机被确认是主板损坏了，拿到该手机指认的手机维修店维修。谁知道这真是一个走地狱般的过程。到了维修店，维修店员工二话不说就要求梁辉先支付300多元的清洗费，至于手机究竟哪里坏了，他们也没说清楚。第二天得到的答复是：主板可能烧坏了，需要自费840元更换，而且暂时没有配件，要去广州厂家进货，一周后才能取机。至于清洗费，说是没有退的先例。考虑到手机没买多久，梁辉咬咬牙，决定换主板，谁知道一等就是10天，完全没了消息，亲自过去一问，说是配件缺货，要继续等，不提供备用机。梁辉彻底没了耐心，要回了840元，抱着死马当活马医的心态，把手机送到了旁边另一家维修店，谁知道师傅只是换了个小零件，用了15分钟，花了50元，手机便修好了，之后用了半个月都没问题。用梁辉的话说，当时真不知道是该哭还是笑。

梁辉每每看到这部手机就无心玩弄，他决定更换手机，最后选择了小米。

和传统手机厂商不同，小米通过网络预订和运营商合约机两个渠道销售，扩张太快，相对其他手机厂商很多年对售后服务网点的积累，小米手机迅速扩张，一下子覆盖120个城市，服务上如果跟不上，会增加口碑营销的压力。于是小米在售后服务上，认真做到了全面进攻的架势，决不辜负用户的信任。

敢于面对"放大镜经营"

我们先来了解一下什么叫"放大镜经营"。当越来越多的人开始关注一个品牌的时候，企业经营的资源就会越来越多，如果通过其品牌来进行有效的资源整合，调整好市场推广的步伐，一定能创造更大的价值，人们形象地称这种为"品牌的放大镜效应"。这种效应，在手机以及网络经营中出现的概率比较大，因为网络和手机是当今最为先进以及最能扩大经营和影响的行业。比如，网站的品牌被越来越多的人关注了，那么网站企业就有机会扩大企业进行经营。手机行业也如此，因为手机涉及移动运用领域，所以手机品牌本身可以跟移动运用结合做出新的业务，而这一切都是基于越来越多的人关注的基础上。

我们先来认识一下手机的品牌是如何体现放大镜效应的。以前，手机的传统功能主要用于打电话和发短信，而在3G智能时代，手机的功能完全转移到了网络上，于是手机的价值被放大了，不仅可以打电话，还可以卖网络。当你的手机品牌够响亮，就会拉拢更多的人使用你的手机以及手机系统自带或者手机功能特点所附带的网络服务，这是一个被放大的经营的切入口。在中国大陆，苹果、三星是最早主导智能手机市场的品牌，但随着小米的出现，雷军开辟了智能手机的另一条路，小米手机以互联网手机的功能定位横空出世，低价、高配、新型营销，小米无数次地拿出自己的秘密武器，一轮一轮地放大了小米的价值，迅速抢占了手机市场的大份额。

小米并没有大量砸入资金做宣传，反而以较低的成本，完全依赖于网络社交媒体、粉丝经济的效应，以及饥饿营销。即便完全没有巨额的广告费用投入，小米的宣传和推广也是一路顺风顺水。小米每出一款产品都能达到突破百万销售量的大关，每出一款新软件，首日都能达到上万的下载量，其火爆程度可见一斑。而新软件的下载量大正是小米品牌受到关注多而得出的结果，也就是小米利用品牌效应制造手机外的经营点，手机软件便是被放大的一个点。

当然，对于放大镜经营的概念，也随着市场的情况而发生改变。比如小米手机的大受欢迎，不仅冲击了传统的手机的生产模式和营销模式，也让大家对用互联网思维做手机的小米产生了强烈的兴趣。安卓系统的推出降低了手机行业进入的门槛，但要真正进入这一市场，没有十足的竞争力和扎实的积累，还真的难以生存下去。而小米手机则突破了这种局限性，凭借MIUI界面积累的关注度和忠实粉丝，开始重新打造手机团队，以雷军为首组建了一个超级手机终端设备团队，并且以网络直销的方式将产品交到用户手上，最大限度降低成本，保证产品的低价和高品质，从中获取相应的利润。

毫无疑问，小米手机模式引起整个互联网行业的集体效仿，盛大、360、阿里巴巴在小米的冲击下都蠢蠢欲动，准备进入这一市场，而这一市场，将不仅仅存在于产品本身的市场，而是产品的品牌效应带来的放大镜式的经营领域。有专业人士分析，这些互联网企业背后正在展开的战争，可能不是利润或销量的问题，而是争夺互联网入口的问题。事实确实如此，任何行业皆如此，不抓住机会就会被淘汰，运用手里已经掌握的绝对优势资源和品牌效应获取移动互联网的市场份额，以终端攻占市场几乎是每一个互联网企业都必须思考的重点。

面对这一形势，雷军心里非常清楚，处于风口浪尖之上，对于小米来说，反而是一个绝佳的机会，这是所有用互联网思维做手机的企业必须要面对的特殊环境。关于未来，雷军表示了极大的信心，他说："互联网企业做手机，最大的优势就是无知者无惧。"那些最艰难的日子都挺过来了，现在又算得了什么呢？其实，如何才能把企业做大，变成放大镜下的参照物，让顾客产生购买欲，这是迅速抢占市场过程中一个值得深思的问题。

企业要敢于在"放大镜下经营"，具体而言，要从以下三个方面来应对放大镜效应。

一是创造强势品牌，优化经营资源。小米把企业有限的资源集中于创造品牌的价值上来，放大了资源价值，持续地创新，确保了企业的永续经营。

二是整合营销资源，形成市场效应。如果一个企业要想创造有市场竞争优势的品牌，就要全面展开企业的各项营销活动，通过品牌传达统一的个性、一致的讯息，以及采取统一的行动。品牌的放大镜效应的具体体现就是企业的营销活动，包括公关、广告、宣传、促销等，应该通过品牌来整合，这样我们不仅能使我们的营销策略更加正确，为企业创造现实的利益，同时也为企业赢得持久的竞争优势。更重要的是透过品牌能作出判断，就像滤光镜的滤色功能。这样，才能赢得消费者对品牌的关注，获得应有的市场效应。我们看到，所有小米的营销策略都符合品牌战略的方针及原则。

三是放大市场效应，实现战略重组。就像放大镜一样，放大市场，放大经营资源。这样便可以有效地掌控市场，控制渠道，赢得消费者的信赖以及社会的关注。同时，这样可通过品牌很快地实现兼并、合资，实现战略重组，拓展新市场。

小米的放大镜经营模式，从一开始就在摸索中找到了方向，他们不仅做到了品牌上的影响，还从根本上放大了品牌的影响力以及业务上的多样化，这都是放大镜经营模式所表现出来的营销理念。比如小米卖手机的同时，还卖手机内部的APP应用软件，实现了更多的利润。这种放大镜经营在移动互联网的今天是十分有效的。

走向国际舞台的小米售后服务

维修如果赚一分钱，就是我们的错误，要抱着这样的决心。

今年内部最大动作是售后服务总动员，一定要把售后解决好。

——雷军

浅尝印度市场，为闯世界铺好基础

当一个产品发展到一定阶段，它必然走向世界，这是一个必然的规律，虽然雷军多次说过自己不想做一家国际性大公司，只想做一个“排队消费的小饭馆”，但是这个“排队消费的小饭馆”必然遍布全世界，如果能一直保持顾客愿意排队消费的局面。果然不出所料，2014年7月22日小米在中国发布了最新旗舰智能机小米4，除巩固既有中国大陆市场外，小米也积极拓展亚洲市场，以作为进军全球的前哨站。小米3也于当天在印度市场开卖，这标志着小米已经成功跨出国门，走向世界。

小米公司此前就曾表示，公司未来将在印度加大投入。美国全国广播公司消费者新闻与商业频道(CNBC)撰稿人拉格(Dhara Ranasinghe)就“中国苹果”在印度的前景进行分析，以下是原文摘要：

在印度，智能手机市场早先一直是三星一家独霸。而在苹果成功打入这片市场之后，素有“中国苹果”之称的小米也期盼能跟随苹果进入这片土地。小米在中国收获成功的主要法宝便是其令消费者可以负担的价格，及拥有优美线条的外形。可以说，小米若想在印度获得成功必须抓住其一市场特征：现有智能机的价格对于大多数印度消费者来说只能望洋兴叹，更别提超过90%的印度民众无力支付的苹果iPhone。

市场研究公司Counterpoint分析师Neil Shah称：“小米以其独有的价格加之相同的程序及平台生态圈留住顾客。所以相比苹果，小米赢得数千万顾客的心这一门槛并不高。小米3的售价为13 999卢比(约合人民币1 427元)。这款手机的功能堪比三星Galaxy S4，而后者的价格在29 000～30 000卢比之间(约合人民币3 000元)。”

小米在中国已有许多追随者，而拓展印度市场也是其拓展海外市场的垫脚石。佛瑞斯特研究公司的副总裁及首席分析师的王平说：“相较增长速度已经放缓的中国市场，品牌价值超过200亿的小米不仅仅需要中国这单一市场，更需要海外市场。”值得注意的是，除了印度，印度尼西亚的中产阶级也是小米下一步的目标。Radio Free Mobile的创始人理查德温莎说：“小米充满了动力，也赶上了机遇，然而想要在未来的市场中占有一席之地，小米还需要拿出真本事。”

小米全球副总裁雨果·巴拉（Hugo Barra）表示，小米期望能打造适合印度特点的智能机，并希望能组建当地团队帮助我们打入市场。摆在小米面前的是全球数百家手机品牌的竞争，大到诸如三星、苹果，小到当地的供应商。王平表示：“许多印度的小厂家都有着良好的配套设施，而这些厂家早已占有相当数量的市场份额。”

所以，小米走出世界可不是那么简单的事，其中最大的问题是售后服务。Neil Shah说：“诸如诺基亚、三星以及当地新贵品牌(如微钜、卡邦)在印度已茁壮成长，这些厂商在过去的数年中在塑造品牌、分销网络及售后服务网络这些项目的投入颇多。而这也是在印度的厂商站住脚跟的基本成功之道。”

是的，倘若小米期望在印度取得成功，对于刚起步的小米来说或许没有比这三项更值得公司着手准备的了。2014年8月28日，雷军就曾透过微博暗示小米2014年的海外扩展计划及路线，在小米官网印度站开启之后，紧接着会去巴西、俄罗斯这些国家扩张。目前这些计划正在实施中，根据海外媒体报道，小米正计划在印度班加罗尔建立研发中心，并招募一些设计师、产品经理以及软件工程师，为当地的消费者提供定制产品。小米将在班加罗尔当地成立自己的呼叫中心、客服服务以及售后团队。目前小米官方印度站已经上线了小米3、红米1S以及红米Note等系列产品，同时还有一些相关配件。售后服务团队也在建设当中，并随着产品的销售数量增长而陆续建立更多的售后服务站点。可见，小米已经意识到售后服务的重要性，并积极行动，努力以最好的服务，赢取品牌和声誉。

如何在美国站住脚

我们知道，美国为全球第一经济体，很多产品若想称霸全世界，都以称霸美国为标准。比如“老干妈”辣椒酱的美国之旅。“老干妈”辣椒酱在美国的市场并不如在中国市场那么有名，当然也做不到家喻户晓的厨房配料王，但是它却在美国找到属于它的市场，它以奢侈品的形式在美国出现，一瓶辣椒酱买到上百美元，让美国的富翁们挑战这种刺激舌尖的食品。那么，小米手机能否在美国占有市场呢?

小米从一家不起眼的小工厂到称霸中国智能手机市场并没有花费多长时间。虽然成立于2010年，但小米2013年智能手机的销售量在中国已经超过苹果手机。从那以后，小米的发展更加迅猛。调研机构Canalys数据显示，2014年第二季度小米智能手机发货量居首，在中国市场占14%，首次超过三星在华市场份额。据了解，小米2013年同期的市场份额在5%左右，2014年第一季度在华市场份额为10.7%。

据路透社报道，根据市场研究机构Strategy Analytics的报告，2014年第二季度按市场份额计，小米科技已成为全球第五大智能手机生产商，它的手机产品销量占全球智能手机销量的5.1%，相较去年的1.8%大幅上升。小米手机对新兴市场的消费者充满吸引力，在印度、印度尼西亚和巴西的迅速崛起，进一步威胁到苹果和三星的市场份额。

小米不仅智能手机销量在国内超过苹果和三星，而且其手机用户花在其APP上的时间也要长于它们的用户。凭借自己的销售速度和廉价的硬件，小米显然已成为一个主要威胁。那么，在抢占中国市场之后，小米能征服美国市场吗?

小米已经开始扩展国际市场，尤其是印度，但至今一直对开发北美市场保持沉默。小米全球副总裁雨果·巴拉在与安卓高层进行讨论，意味着小米公司正在筹划推广美国市场，但没有给出明确的时间。目前，很难想象小米在美国会有多大成功。

小米能够迅速崛起成为中国智能手机市场的领军者，靠的是前所未有的超值手机硬件报价。不像美国的消费者，中国的智能手机购买者往往没有很多的补贴，即使有补贴也比较少，而且呈下降趋势。比如说，中国移动最近就宣布了一项计划减少支付给手机制造商的补贴。

在没有补贴的情况下，很容易理解为什么小米手机会如此吸引人。小米的最新产品Mi4配备了5寸1080p屏，搭载2.5GHz骁龙801处理器，提供前置500万像素和后置1 300万像素摄像头，和LTE连接。绝对能和三星的Galaxy S5和苹果的iPhone5S相提并论，但价格只要2 000元不到，零售价只有竞争对手主打产品售价的一半不到。

该定价政策对中国消费者有明显吸引力，但美国消费者就不太会买账。例如，尽管网络零售价只有349美元，LG的Nexus 5也没能超越更贵的苹果和三星。美国买家似乎早就习惯通过他们的运营商购买手机——要么有补贴计划，要么是无息贷款。

阻碍小米进军美国的另一个问题是其系统。虽然小米手机均采用安卓驱动，但却做了大量修改，称为MIUI（米柚），剔除了谷歌服务器和安卓电子市场（google play）。

对于初次购买智能手机的人来说或许不是问题，因为他们还没有对某种移动系统形成依赖。但美国的智能手机市场相对成熟，一些买家已经使用过几代的苹果手机，对其系统很依赖，想到失去自己的应用程序和媒体购买就很头疼。即使是三星和其他安卓厂商的原有买家也会被隔离，因为在安卓电子市场购买的东西不能延续到小米的MIUI系统中。

小米其实可以采用更为温和的方式，即更改安卓系统，专设一款硬件让美国买家能进入安卓市场和其他一些服务。然而，这样的举动将削弱小米的商业模式——MIUI系统使硬件低廉成为现实。

对于走低价路线的小米来说，手机销量即使再高，仅依靠销售硬件设备也很难提升公司的利润率。自小米诞生开始，这家公司的最大优势绝对不是手机的低价，而是MIUI。

由于安卓电子市场无法在中国使用，APP手机应用软件和其他程序主要是透过第三方分发平台或厂商自建平台提供用户下载，MIUI中的小米商城不仅有APP，还有UI主题、壁纸等，售价从免费到十几元人民币不等。随着小米手机的热卖，MIUI用户的活跃度提升，小米商城盈利不断攀升，2014年，小米商城日均下载量为3 500万次，上半年支付给开发者的费用高达1.74亿元人民币。

小米MIUI负责人曾表示，2015年，小米活跃用户有望成长2倍，MIUI移动设备流量在中国移动设备市场的比重大约为20%。除了APP分发外，小米的音乐、阅读、云端存储、位置服务、在线影音服务都会成为盈利点。小米盈利模式有一定局限性，面对海外对手安卓电子市场的竞争，MIUI用户难以转型为小米商城用户，流量则难以变现。

手机是一种全球化的产品，它跟“老干妈”辣椒酱不一样，辣椒酱可以发挥其地域性优势让异地人群感受其特点，但是小米手机则不行，它必须靠创新、靠质量去赢过其他国家的同类产品。所以，小米如果想在美国站住脚，必须得拿出十足的力气，在品质、创新、宣传营销以及售后服务上做足功夫，当然还要有强大的资金支持。能否在美国站住脚，这依然是小米需要去面对的考验。

展　望

Outlook

小米营销的下一站

雷军曾说，小米手机饥饿营销的销售策略将带给小米巨大的改变。

一直以来，小米科技在业界像一个神话，创业不到3年内，这家智能手机厂商估值高达40亿美元，并赢得众多“米粉”的膜拜。小米之所以受到用户、媒体和投资者的持续的高度关注，离不开小米手机的营销策略——饥饿营销。

雷军在2013年两会期间接受采访时表示，小米手机当时每个月的销售量为140万～150万部，之所以进行饥饿营销有很多客观因素，手机行业的订货需要提前3个月，这些订货还需要巨额的资金支持。对于小米这样的初创企业，资金压力不言而喻，小米手机实行饥饿营销也是情不得已。

之后，市场上的小米手机有好几个版本，小米1S、小米1S加强版、小米2S和小米青春版等。在每次发布新款小米手机时，小米公司董事长雷军扮演的角色非常重要，从发布会到微博上都有表现，平常雷军的微博每天更新3条左右，发布小米手机新版本后，微博更新频率明显加快。

同时，小米也请来各行业名人助阵，起到了推波助澜的作用，如多玩CEO李学凌，优视科技CEO俞永福等人，再者还有与360周鸿祎的“吵架”，也起到了宣传的效果。

小米手机自从采用抢购的方式上市以来，在赢得了相当一部分市场和消费者的同时，也起到扩大品牌、提高自身知名度的作用。

可惜好景不长，小米的饥饿营销已引发了“米粉”的负面情绪。据公开数据，5万台小米2手机在2分51秒内被抢购一空。业内人士猜测原因是小米公司采用的故意为之的饥饿营销，给人一种清高的感觉。

对于上述观点，在雷军看来，饥饿营销就是一个伪命题。“有货压着不卖意味着什么？一部小米手机售价2 000元，50万部就是10亿元，频繁断货，还会给消费者带来坏的体验，对哪家公司来说都是违反商业逻辑的。一般来说，小米手机的供货周期是3～4个月。也就是说，在一部手机制造好的前4个月，就要把货款支付给零件供应商。为了缓解资金压力，物流越快越好。”雷军声称小米手机的营销策略在2013年发生了很大变化，那么，小米能否再次塑造神话呢？

众所周知，小米科技当初凭借MIUI、米聊、小米手机三驾马车杀入智能手机市场。如今三驾马车中只有MIUI与小米手机依旧活跃，米聊在微信的阴影中已经日渐式微，影响力及知名度正与日减少。小米手机在经历了2012年夏天的“小3大战”（小米与360）及“期货门”之后，也已经渐渐脱离媒体视线，所以小米不惜重金抢占春晚黄金时段广告，以博取互联网之外受众关注度。而MIUI不久推出了全新的V5版本。

雷军的一句“不做饥饿营销”，又让业界重新关注小米。这次的焦点在于如果小米不做饥饿营销，那么小米的未来增长点在哪里？

根据刷机精灵2012年数据显示，MIUI系统在国内刷机市场份额达35%，高居第一。MIUI是国内最早的安卓深度定制ROM，得益于小米公司官方支持及民间开发者的拥戴，MIUI的市场份额一直领先其他同类产品。但作为小米公司仅剩的两驾马车之一，MIUI能否撑起小米半边天，还要看它的同行表现如何。

刷机精灵数据显示，乐蛙以11%的市场份额位居手机系统的第三。虽然与MIUI还有不小的差距，但乐蛙在接受腾讯5 000万元投资之后，逐渐增加ROM适配机型及瞄准千元智能机市场策略，已然让MIUI感到担心。MIUI适配终端宽广是其成功的因素之一，乐蛙有心追赶并且还抢占MIUI涉足甚少的千元智能机市场，这对于MIUI来说是不可忽视的一次超越。

第三方ROM市场虽然发展时间较短，但重要性不言而喻。腾讯不仅投资了乐蛙，而且一举收购了刷机精灵，用以布局移动互联网。加上腾讯自己的Tita和手机管家，腾讯在刷机市场的布局要远比MIUI庞大。

互联网巨头布局刷机市场已不是什么新鲜事，腾讯砸钱大举收购，百度则低调跟进。2011年，百度推出百度易手机操作系统，号称100%兼容安卓应用，而后又联合戴尔、长虹推出搭载百度易系统智能手机，但后者在智能手机领域的表现令人失望，其曝光率和知名度明显受此拖累。

2012年11月，有消息传出百度战略投资安卓刷机工具卓大师。卓大师在2012年7月就已经拥有400万用户，每天用户自行下载ROM和刷机的行为超过5万。与此同时，又传出百度深入南方水货手机市场，打通灰色产业链为水货手机刷入百度ROM。百度在移动互联网的窘境人神共知，刷机市场对于百度来说，是一个可以使百度移动互联网进展即刻见效的领域，因此百度对其重视情有可原。

在百度、腾讯之外，阿里云OS、乐众OS以及高调面世的锤子OS，都会是MIUI的强劲对手。MIUI已经失去了先发制人的优势，在竞争对手不断涌入的刷机市场，如何能够继续保持领先地位将会小米今后的难题之一。

手机桌面是操作系统的衍生产品，作为抢占智能手机移动互联网入口的二把手，手机桌面能够全面监管用户手机，达到与ROM相同的效果。国内有许多公司做手机桌面，比较知名的如GO桌面、点心桌面、91桌面等。值得注意的是，小米公司也推出的小米桌面强化市场。在百度移动应用下载统计中牛华网发现，GO桌面安全版以1 000万＋的下载次数遥遥领先其他同类产品。

手机桌面比ROM产品更灵活，更容易被用户接受。以GO桌面为例，1 000万＋的下载量已经可以与MIUI的用户数相媲美，而GO桌面所付出的代价却比MIUI小很多。

刷机市场的激烈竞争和手机桌面的后院隐患，致使MIUI不得不面临严峻考验。以优化操作系统、提升用户体验为理念的MIUI在两年时间里已经获得了超过1 000万用户，其中小米手机出货650万部。也就是说，在无硬件支撑下，MIUI的市场份额可能会更少。MIUI与小米手机福祸相依生死与共。

在小米手机1S的发布会上，雷军说“没有设计的设计就是最好的设计”。事实证明，这句话是正确的。时至今日，这家号称只做发烧手机的公司依然没有能拿出一款外观惊艳的产品，雷军的这句“名言”也遭到大量用户吐槽。小米手机已经出了好几款，但每一款的设计都没有跳出国产手机外观设计不如国外手机的怪圈，的确是一个引人深思的问题。

小米的发烧手机、高性价比喊了两年，第一年业内粉丝为之疯狂，第二年就冷静许多。加之华为、联想等巨头也随后涉足2 000元档高性价比产品，魅族、OPPO同在后步步紧逼，小米手机的日子已经不再像最早两年那么好过了。尤其是2012年下半年，在小米2S手机发布后，国内各大手机企业接二连三发布新机，HIFI、无边框、全高清屏幕等新鲜概念被应用到产品，无论拼设计还是比功能，这些国产厂商都有自身的优势。

2012年，联想、华为相继推出同小米手机竞争的产品。价位与1 999元相差无几，配置甚至比小米更强悍，如联想K860和华为荣耀四核。这两款手机与小米有一个共同的特征便是外观设计太过庸俗，但是消费者买产品看重外观是手机企业跳不过去的一道坎，可为何配置高端手机却要用庸俗的外观设计呢?

如果说外观是消费者的选择权，那么造价就是厂商的选择权。好的外观设计需要花费更多的人力物力，而且有鉴于苹果和三星的专利大战，国产厂商在手机外观设计时还要考虑侵权问题，尤其是像华为、联想这样的国际型企业。小米虽然不如联想华为庞大，但小米号称已经卖出650万部小米手机，如果有涉嫌专利侵权，将会产生很大一笔授权费。

此外，好的外观设计需要更加苛刻的工艺水准和更昂贵的材料，这样才能够促成一款无可挑剔的产品问世，但同时这款产品的造价肯定不能低。造价被抬高，手机的最终价格也将会提高，而像小米这样主打高性价比的厂商断然不会接受这样的事实，所以在舍弃外观设计的前提下强化性价比，有些“手机不可貌相”的味道。但无论如何，相信更多的用户希望看到一个在外观设计上有所突破的小米。

抛开MIUI和硬件设计，小米又放弃了饥饿营销，显然小米发展到了一个真空期。之前小米营造的高性价比印象正在被竞争对手淡化，形势变得越来越严峻，也越发考验雷军及其团队的智慧。

小米手机的未来将何去何从，雷军能否再创神话，且让我们拭目以待。

附录一　小米大事记

小米自诞生以来，短短几年间发展迅速，一举成为中国最大的互联网手机制造商。关于它的成长经历，可以用天数来形容，因为它的确是个奇迹，几乎每过几天就会有一件大事出现，那么下面我们来回顾有关小米成长的大事记。

2010年

4月6日，小米公司正式成立，并入驻北京银谷大厦。

8月16日，MIUI首个内测版推出。

12月10日，米聊安卓内测版正式发布。

2011年

7月8日，小米公司因扩张迅速，迁至北京望京卷石天地大厦新址。

7月12日，小米创始团队正式亮相，宣布进军手机市场，揭秘旗下3款产品：MIUI、米聊、小米手机。

8月1日，小米社区正式对外上线。

2012年

1月4日，首次开放购买小米手机1。

5月29日，小米公司通过官网预订和销售小米手机电信版，售完10万台。

6月5日，《爆米花》杂志第四期上线，上线3天第四期杂志单期点击量突破100万，总点击超过300万。

6月7日，小米手机销量突破300万；小米公司通过官网实现7×24小时开放购买小米1，并完善售后服务体系。

6月26日，小米公司董事长兼CEO雷军宣布，小米公司已完成新一轮2.16亿美元融资，此轮融资小米公司估值达40亿美元，投资方均为国际顶级投资公司。

8月16日，小米手机发布会在北京798举行，发布小米手机1S和小米手机2两款新品。小米手机1S开始第一轮预约登记。

9月22日，小米手机2工程机开放购买，600台小米手机2工程纪念版在10秒售罄。

10月23日，小米手机1S青春版首发暨第五轮小米手机1S开放购买，所有35万部手机在4分15秒内售罄，平均每秒售出1 372部手机。

2013年

1月9日，MIUI全球用户突破1 000万；小米手机1S青春版金山词霸用户专场上线。

5月17日，10万部小米手机2S、2万台小米盒子开放购买。

7月5日，小米正式发布了微电影《1699公里》。

9月10日，CCTV1新闻联播报道：小米推出全球运行速度最快的智能手机，5万部小米手机2S(32GB）1 799元开放购买。

10月1日，党和国家领导人习近平等参观小米公司，小米展示其创新科技产品。

10月8日，雷军获得《华尔街日报》中文版2013中国创新人物奖科技类奖。

12月31日，小米3联通版、小米随身WiFi首发。

2014年

1月2日，小米公布2013年业绩，全年销售手机1 870万部。

1月17日，李克强总理接见雷军等手机企业代表，听取其对政府工作报告的意见。

4月11日，小米多彩移动电源百度贴吧首发活动；百度手机品牌排行榜显示小米在2014年第一季度中国营业额超越苹果。

8月4日，据《华尔街日报》报道，易观国际当日发布报告称，2014年第二季度小米首次超越三星成为中国市场领先的智能手机厂商。

9月23日，快的打车正式与小米达成合作，接入其旗下智能按键“米键”，小米用户可通过“米键”实现手机一键叫车功能。

11月19日，小米公司和顺为资本联合宣布，小米和顺为资本以18亿元入股爱奇艺。

12月14日，小米公司与美的集团同时发布公告，宣布小米科技将与美的集团达成战略合作，小米科技斥资12.66亿元入股美的集团。

2015年

2月13日，小米在美国旧金山举行媒体沟通会，正式宣布即将启动小米网美国站，并开始销售小米手环、小米移动电源、小米耳机等产品。

3月16日，李宁公司宣布与小米生态链企业、小米手环缔造者华米科技达成战略协议，共同打造新一代智能跑鞋，并探索大数据健康领域。

4月9日，吉尼斯世界纪录认证机构宣布，小米网打破了世界单一网上平台24小时销售手机最多的吉尼斯世界纪录。

6月9日，红米手机2系列出货量突破1 300万部，是小米第六款突破千万的机型。

附录二　雷军小传

1969年12月16日，雷军出生于湖北省仙桃市。1987年毕业于湖北省仙桃中学，同年，雷军考入武汉大学计算机系。武汉大学是当时国内最早一批实施学分制的大学，雷军仅用了两年时间便修完了所有学分，提前完成了大学的毕业设计。

雷军受《硅谷之火》中苹果公司创业故事影响，在大学四年级的时候，开始和王全国、李儒雄等人创办三色公司。当时的产品是一种仿制金山汉卡，可是随后出现一家规模比他们更大的公司，把他们的产品盗版了，而且这家公司可以把同类的产品做得量更大，价格也更低。

三色公司度日维艰半年以后，决定解散。清点公司资产时，雷军和王全国分到了一台286电脑和打印机，李儒雄分到了一台386电脑。

在三色公司工作期间，雷军与王全国合作编写了雷军的第一个正式作品BITLOK加密软件并且组建了黄玫瑰小组；除此还用PASCAL编写免疫90，此产品获得了湖北省大学生科技成果一等奖。

读完大学，雷军便全力闯荡计算机市场。毕业之后的两年，雷军涉足广泛，写过加密软件、杀毒软件、财务软件、CAD软件、中文系统以及各种实用小工具等，并和同学王全国一起做过电路板设计、焊过电路板，甚至还干过一段时间的黑客，解密各种各样的软件。两年下来，雷军和武汉各家电脑公司老板成了熟人，成了武汉电子一条街小有名气的人物。

1992年初，雷军加盟金山公司，先后出任北京开发部经理、珠海公司副总经理、北京金山软件公司总经理等职。1998年8月，开始担任金山公司总经理；2000年底，金山公司股份制改组后，出任北京金山软件股份有限公司总裁。

雷军从22岁进入金山到38岁离职，在金山工作了整整16个年头，期间完成了金山的IPO上市工作。

1998年，雷军被武汉大学聘为名誉教授，他在武汉大学设立了“腾飞计算机奖学金”，后来又在原设立并颁发了8年的“腾飞计算机奖学金”14万元的基础上，继续在母校设立总额达36万元的武汉大学“雷军计算机奖学金”，以奖励计算机学院品学兼优的学生。

2007年12月20日下午，雷军辞去了金山CEO职务。

2010年4月，雷军与原谷歌中国工程研究院副院长林斌（曾参与微软亚洲工程院创建并任工程总监）、原摩托罗拉北京研发中心高级总监周光平（主持设计“明”系列手机）、原北京科技大学工业设计系主任刘德、原金山词霸总经理黎万强、原微软中国工程院开发总监黄江吉和原谷歌中国高级产品经理洪峰6人联合创办小米科技，并于2011年8月公布其自有品牌小米手机。

2011年7月11日，金山软件董事会提名委员会提名雷军出任董事长一职，这一提议获得了董事会一致通过，雷军正式接掌金山软件。

2012年，雷军当选北京市人大代表。

2013年，雷军当选中华人民共和国全国人民代表大会代表并表示希望自己能在5年的任期内，推动对《中华人民共和国公司法》进行一些调整，使其更与国际接轨。实际上，在参政议政方面，雷军也不是新手。他曾任两届海淀区政协委员。

雷军同时也是一名天使投资人，其作为天使投资人，投资的企业不在少数，投资的项目包括卓越网、逍遥网、尚品网、乐讯社区（移动互联社区）、UC优视、多玩游戏网、拉卡拉、凡客诚品、乐淘、可牛、好大夫、长城会等20多家创新型企业。

附录三　雷军精彩语录

1. 创新为什么这么少，因为我们社会缺少包容失败的氛围。很多大的创新，也是由一两个小的点子开始的。

2. 什么是成功？每个人眼里的成功都不一样。我认为，成功不是别人看法，而是一种内心深处的自我感受。我不认为自己是成功者，也不认为自己是失败者，我只是在追求内心的一些东西。

3. 商业成功最重要的是，朋友弄得多多的，敌人弄得少少的。

4. 创新就是做别人没有做过的事情。但创新的风险很大，绝大部分创新最后都是失败。所以，我认为，创新的本质是不惧失败的勇气！创新还需要一个大环境：全社会理解失败者，宽容失败者。成王败寇的观点是阻碍创新的因素。

5. 创办小米最难的一个问题：小米要在网上卖手机，这是谷歌都没有做成的事情，你为什么可以做成？我的回答是：谷歌很伟大，但谷歌不懂电商，我自己已经做了10年电商。

6. 中国市场最大，在中国赢了，在全世界就有机会赢。中国不是运营商管制，较美国和运营商捆绑销售手机的模式开放。同时中国又封闭，表现为跨国公司在中国水土不服。去年小米刚开始起步，我就是这样说服投资者的。

7. 我总结的创业经验有10条：（1）能洞察用户需求，对市场极其敏感。（2）志存高远并脚踏实地。（3）最好是两三个优势互补的人一起创业。（4）一定要有技术过硬并能带队伍的带头人。（5）有低成本情况下的快速扩张能力。（6）有创业成功经验的人加分。（7）做最肥的市场。（8）选择最佳的时间点。（9）专注、专注，再专注。（10）业务在小规模被验证。

8. 快速迭代，不断试错，逐步走向成功的彼岸。这是互联网时代的王道。

9. 马云总结得真好：做企业，赢在细节，输在格局。关键是处理好“埋头拉车”和“抬头看路”的矛盾，我的观点是做任何事情要顺势而为，不要强求，不要蛮干。顺了，自然就成了。

10. 创业要大成，一定要找到能让猪飞上天的台风口。勤奋、努力加坚持等等，这些只是成功的必要条件，最关键的是在对的时候做对的事情。

11. 竞争并非你死我活，而是让用户有更好体验。用户才是根本，我们要用心做产品，把心思放在产品和用户上。

12. 天下武功，唯快不破。互联网竞争的利器就是快。

13. 用户满意度是根本。把所有精力放在改善产品和服务，让用户满意。

14. 行业霸主总有衰老的一天，但它们因什么在何时衰落，这就是创业的机会。

15. 大家认为对互联网行业来说，40岁已经老了，应该要退休了，还折腾什么。但是我特意查了一下，敬爱的柳传志是40岁创业的，任正非是43岁，我觉得我40岁重新开始也没有什么大不了的，我坚信人因梦想而伟大，只要我有这么一个梦想，我就此生无憾。

16. 过去几年我一直提醒自己，人若无名便可专心“练剑”，所以尽可能不参加会议，认认真真做东西。对我们这么小的公司最重要的是广泛结盟，以开放的心态来合作。

17. 在今天的互联网竞争里面，我觉得最重要的还是用户满意度。

18. 风投的时候，首先要做到“无我”，如果你不违法、不做假账，我就百分之百支持你。

19. 我想，我们只有来一次自我的革命，才能实现凤凰涅槃；我们只有打烂所有的坛坛罐罐，我们才会重新变得强大起来。

20. 强大如罗马帝国、强大如大秦王朝，都有衰落的一天，这是自然规律。长江大浪推前浪，前浪死在沙滩上，这就是人类社会进步的动力。

参考文献

[1][美]沃德·汉森.网络营销原理.北京：华夏出版社，2001

[2][美]克里斯·安德森.长尾理论.北京：中信出版社，2012

[3]陈威如.平台战略：正在席卷全球的商业模式革命.北京：中信出版社，2013

[4]黎万强.参与感：小米口碑营销内部手册.北京：中信出版社，2014

[5]龙隐.雷军：你要相信你比想象中强大.上海：文汇出版社，2014

[6]侯继勇.小米手机成绩单：2013销售额或超联想华为.21世纪经济报道（http://biz.21cbh.com）

[7]侯继勇.小米的人民战争：社会化营销推动“全产品周期参与”.21世纪经济报道（http://biz.21cbh.com）

[8]金错刀.扁平化管理与粉丝真想.互联网的壹些事（http://www.yixieshi.com）

[9]雷军.小米“启蒙”源自同仁堂与海底捞.腾讯科技（http://tech.qq.com）

[10]刘琪.雷军方法论.福布斯中文网（http://www.forbeschina.com）